特种体育技能与实践

季电力 于 海 王 佳 刘亚兴
费 洋 王 康 李鸿雁 杨 肃 编著

西北工业大学出版社

西 安

【内容简介】 本书共八章,内容包括特种体育理论概述、特种体育训练组织实施、特种体育竞赛的组织与裁判方法、特种体育基础体能训练、特种体育实用技能训练、特种体育训练器材、特种体育训练伤病预防和特种体育训练营养需求。

本书可作为高等院校相关专业课程教材,也可供体育技能与实践领域专业技术人员参考使用。

图书在版编目(CIP)数据

特种体育技能与实践 / 季电力等编著. —西安：西北工业大学出版社,2023.9
ISBN 978-7-5612-9036-1

Ⅰ.①特… Ⅱ.①季… Ⅲ.①运动技术-运动训练 Ⅳ.①G808.14

中国国家版本馆 CIP 数据核字(2023)第 191408 号

TEZHONG TIYU JINENG YU SHIJIAN
特 种 体 育 技 能 与 实 践
季电力 于 海 王 佳 刘亚兴
费 洋 王 康 李鸿雁 杨 肃　编著

责任编辑：陈 瑶	策划编辑：杨 军
责任校对：李文乾	装帧设计：李 飞

出版发行：西北工业大学出版社
通信地址：西安市友谊西路 127 号　　邮编：710072
电　　话：(029)88491757,88493844
网　　址：www.nwpup.com
印 刷 者：陕西向阳印务有限公司
开　　本：787 mm×1 092 mm　　1/16
印　　张：12.75
字　　数：318 千字
版　　次：2023 年 9 月第 1 版　　2023 年 9 月第 1 次印刷
书　　号：ISBN 978-7-5612-9036-1
定　　价：49.00 元

如有印装问题请与出版社联系调换

前 言

特种体育作为体育教育的重要组成部分,在实现新时代体育强国目标中发挥着重要的作用。同时,特种体育是提升特种体能的重要途径,而特种体能是战斗力的重要构成要素之一,也是未来高技术条件下完成特殊任务的前提和基础。编写本教材的主要目的在于为培养合格的特种体育方面的人才提供特种体育训练的基本理论、基本知识和基本方法,使读者能对特种体育训练中的具体问题进行分析,具备一定的组训施教能力,切实提高特种体育训练的有效性与科学性。

本书共八章,第一至三章及第六至八章主要围绕特种体育理论概述、特种体育训练组织实施、特种体育竞赛的组织与裁判方法、特种体育训练器材、特种体育训练伤病预防、特种体育训练营养需求等内容进行阐述,目的在于获得特种体育训练相关理论知识,为基础体能和实用技能训练打下坚实的理论基础,以便更好地指导训练实践,提高训练的科学性。第四章主要围绕特种体育基础体能相关训练课目的训练目的和要求、动作要领、训练方法、常见错误与纠正方法,以及考核测试等内容进行阐述,目的在于发展一般身体素质,为有效提高岗位专项体能和实用技能打下良好的身体基础。第五章主要围绕特种体育实用技能相关训练课目的训练目的和要求、动作要领、训练方法、常见错误与纠正方法,以及考核测试等内容进行阐述,目的在于提高专项身体素质与身心综合适应能力,逐渐培养科学组训能力与战斗精神。

在编写本书的过程中直接或间接引用了许多专家和学者的研究成果,在此一并表示真诚的感谢。

由于水平有限,书中难免有一些不足之处,敬请读者批评指正。

编 者
2023 年 7 月

目 录

第一章 特种体育理论概述 ·· 1
第一节 新时代特种体育训练 ·· 1
第二节 特种体育训练的基本规律 ·· 4
第三节 身体素质训练的生物学基础 ·· 10

第二章 特种体育训练组织实施 ·· 19
第一节 特种体育训练的计划制订 ·· 19
第二节 特种体育训练的强度调控 ·· 24

第三章 特种体育竞赛的组织与裁判方法 ·· 27
第一节 特种体育竞赛的组织 ·· 27
第二节 特种体育竞赛的裁判方法 ·· 41

第四章 特种体育基础体能训练 ·· 54
第一节 单杠引体向上 ·· 54
第二节 单杠屈臂悬垂 ·· 56
第三节 单杠卷身上 ·· 59
第四节 双杠臂屈伸 ·· 61
第五节 卧推举 ·· 63
第六节 俯卧撑 ·· 65
第七节 立卧撑 ·· 68
第八节 仰卧起坐 ·· 70
第九节 斜板仰卧起坐 ·· 73
第十节 跳绳 ·· 74
第十一节 100 m 跑 ·· 76
第十二节 30 m×2 蛇形跑 ·· 80
第十三节 400 m 跑 ·· 81
第十四节 1 000 m 跑 ·· 83

第十五节	3 000 m 跑	86
第十六节	进阶跑	87
第十七节	基础体能组合1	90
第十八节	基础体能组合2	92
第十九节	负重组合练习	93

第五章 特种体育实用技能训练 96

第一节	400 m(女子200 m)蛙泳	96
第二节	800 m(女子700 m)蛙泳(30分钟计距游)	108
第三节	爬绳(杆)	109
第四节	实用攀登	111
第五节	垫上运动	113
第六节	单杠3练习	115
第七节	单杠4练习	119
第八节	单杠5练习	124
第九节	双杠3练习	127
第十节	双杠4练习	130
第十一节	双杠5练习	134
第十二节	木马1练习	138
第十三节	木马2练习	140
第十四节	木马3练习	142
第十五节	山羊1练习	144
第十六节	山羊2练习	146

第六章 特种体育训练器材 148

| 第一节 | 特种体育训练器材的分类与功能 | 148 |
| 第二节 | 特种体育训练常用器材的运用与注意事项 | 154 |

第七章 特种体育训练伤病预防 172

第一节	特种体育训练的疲劳与恢复	172
第二节	特种体育训练伤病发生的主要原因与预防	176
第三节	特种体育训练的易发伤病与处理	179

第八章 特种体育训练营养需求 190

| 第一节 | 特种体育训练的能量来源与必需营养素 | 190 |
| 第二节 | 特种体育训练的膳食平衡与糖补充 | 195 |

参考文献 198

第一章 特种体育理论概述

学习目标

了解特种体育的发展概况,掌握特种体育的基本概念和主要功能;了解院校特种体育教育的重要作用与主要任务,掌握特种体育教学的基本原则;了解新时代特种体育训练的主要抓手,掌握新时代特种体育训练的根本遵循与内涵要义。

特种体育作为特种训练的重要组成,在实现新时代体育强国目标中发挥着重要的基础作用。同时,特种体育作为特种教育的重要构成,对培养高素质人才也有着不可替代的重要作用,这充分表明了加强特种体育教学训练的重要性、现实性和紧迫性。

本章主要围绕新时代特种体育训练、特种体育训练的基本规律和身体素质训练的生物学基础等问题进行阐述。

第一节 新时代特种体育训练

一、新时代特种体育训练的根本遵循

党的十八大以来,习近平总书记对体育训练作出一系列重要指示,对建设体育强国提出一系列重要论述,为加强特种体育训练提供了根本遵循。特种体育训练既是特种训练的基本组成,也是体育运动的一部分,需要从多个维度理解把握;更需要我们在伟大思想引领下,从更广视野、更大格局,理解把握特种体育训练。

(一)关于战略地位

习近平总书记强调,"发展体育事业不仅是实现中国梦的重要内容,还能为中华民族伟大复兴提供凝心聚气的强大精神力量。""体育承载着国家强盛、民族振兴的梦想。体育强则中国强,国运兴则体育兴。""体育是社会发展和人类进步的重要标志,是综合国力和国家软实力的重要体现。"从奥运会和国际单项锦标赛的实践来看,我们可以更加深刻地领悟到习近平总书记重要论述的科学真理性,可以更加深刻感受到体育作为一种世界通用语言,在塑造国家形象、增进国家间关系、促进国际社会安全和平等方面体现出的独特作用与价值。

(二)关于战略指导

习近平总书记强调,"加快建设体育强国","发展体育运动、增强人民体质是我国体育工作的根本任务。""要把人民健康放在优先发展战略地位,努力全方位全周期保障人民健康,加快建立完善制度体系,保障公共卫生安全,加快形成有利于健康的生活方式、生产方式、经济社会发展模式和治理模式,实现健康和经济社会良性协调发展。""没有全民健康,就没有全面小康"。毛主席早在1917年发表的《体育之研究》中指出:"国力恭弱,武风不振,民族之体质日趋轻细。此甚可忧之现象也。"国民体质体现民族斗志、反映综合国力。反思近代中国历史,更能深刻领悟到体育强国思想的时代意义。特种体育必须放在体育强国这个大战略下找准定位。

(三)关于战略作用

习近平总书记强调,"体育在提高人民身体素质和健康水平、促进人的全面发展,丰富人民精神文化生活、推动经济社会发展,激励全国各族人民弘扬追求卓越、突破自我的精神方面,都有着不可替代的重要作用"。可以说,体育承载着精神、文化、经济、社会建设和发展等多重功能。特种体育同样也具备改善单位精神面貌、提振单位士气、促进单位建设发展的重要作用。一个单位特种体育搞得好,这个单位形象、精神、斗志也不会差。

(四)关于重要原则

习近平总书记强调,"我们要分类指导,从娃娃抓起,扎扎实实提高竞技体育水平,持之以恒开展群众体育,不断由体育大国向体育强国迈进。"习近平总书记的重要论述告诉我们,认识和尊重规律是发展体育事业、加强体育训练的重要原则。特种体育既有体育共性,又有特种个性,需要深化特点规律认识。

(五)关于继承创新

习近平总书记强调,"中华体育精神来之不易,弥足珍贵,要继承创新、发扬光大"。"加快推进体育改革创新步伐,更新体育理念,借鉴国外有益经验,为我国体育事业发展注入新的活力和动力"。可以认为,重视特种体育是我们的优良传统,面对新形势、新任务,加强特种体育,必须变革思想观念,突破固有模式,实现创新发展。

二、新时代特种体育训练的内涵要义

新时代对特种体育训练提出了更高的要求,我们对新时代、新要求下的特种体育训练的内涵要义要有清晰的认识和把握。

(一)现实的认识偏差

怎么认识特种体育训练?新时代有什么新特点、新要求?从现实看,认识还不尽一致,甚至还有偏差,影响和制约着特种体育训练向更高水平发展。这主要表现在如下几方面。

1. "过时论"

有关调查显示:还有11.2%的人认为"信息化战争条件下,武器说了算,体能没什么用";一些高新技术单位认为"自己是车轮上的单位、操作键盘的单位,作战比拼的是技能和智能,体能已不再重要",甚至认为"未来战争是体系对抗、非接触作战,体能的作用已微乎其微";有的指挥员认为"如果3 km之内还找不到自己的指挥车,就是无能指挥员,没必要再练 3 km"。思想上的"过时"导致行为上的"延时",一些单位消极应付不肯训,顾及安全压力不敢训,满足考核过关不严训,导致特种体育训练水平在较低层次徘徊。事实上,战争基本形态加速向信息化演变,对身心素质、意志品质、战斗技能提出了更高要求。美军主导参与的数次现代战争都充分说明了体能在战场上所发挥的重要作用。他们认为"士兵的体能水平直接影响到他们的战争准备能力"。"在现代战争中,士兵除了要具备良好的心肺功能之外,还需要高水平的肌肉力量和耐力,在战斗中士兵可能要运送伤员、搬运设备、抬沉重的油箱和炮弹、推抛锚的汽车,或干许多别的力气活。"

2. "轻视论"

有的人认为特种体育没有多少科技含量,训练谁都可以抓,没什么抓头;有的人认为只要肯吃苦,谁都能练出来,没必要那么重视。这些认知导致一些单位不注重培养专业骨干、不科学安排训练计划、不研究组训方式方法,简单粗暴,盲目蛮干,效益低下,伤病率偏高,致残致亡偶有发生。这样既危害人员身心健康,又危害单位战斗力建设。究其原因是多方面的,但思想重视不够、规律把握不准是重要原因。

3. "简单论"

有的单位开展特种体育训练脱离实战,将其简单等同于体能训练、个人锻炼,甚至健身运动,导致"特种体育体能化、体能训练简单化、以跑代训常态化"。有的单位一搞特种体育训练就是"老三样"(俯卧撑、仰卧起坐、长跑),把耐力训练等同于 5 km 长跑,把力量训练具体为俯卧撑,将本该丰富多样的训练搞得枯燥乏味。这种认识偏离了特种体育训练"姓军为战"的本质特征,造成人员身心素质失衡,越来越远离现代战场。

(二)新时代特种体育训练的内涵

"强军须强体,强体为打赢。"特种体育训练是提高人员身体和心理素质的基本途径,是培养意志品质和战斗作风的有效手段,是促进人与武器装备有机结合、人与作战环境有机结合、增强战斗技能的重要环节,对推进实战化特种训练、打赢现代战争具有基础性作用。

1. 本质属性

特种体育训练是以实战为导向,以任务为牵引,以科学理论为指导,按任务需要和岗位需求进行的身体训练,是为打仗进行的身心准备,不是单纯的体育锻炼,不是简单的体能训练,更不是个人的健身活动。特种体育训练是特种训练不可或缺的重要组成,也是特种与体育两大领域的有机结合。

2. 主要特征

特种体育训练具有鲜明的实战性,内容具有科学的系统性,对象具有明显的特指性,过程具有严格的强制性,实施具有严谨的组织性,与战斗技能训练具有高度的融合性。

3. 根本目的

特种体育训练的根本目的是强健人员体魄,磨炼血性胆气,培塑战斗精神,打牢单位战斗力基础,为在残酷环境下持续作战直至胜利做好充分的身心准备。

可以说,新时代的特种体育训练,其地位与作用并不是削弱了,更不是可有可无。各单位必须适应现代战争需要,把特种体育训练摆在重要位置,将其作为战斗力生成链路的关键基础抓紧抓实。

三、新时代特种体育训练的主要抓手

特种体育训练在单位的落地落实,单位领导重视是一个非常重要的因素。一个单位的领导重视体育、热爱体育、带头训练,这个单位的体育训练就活跃,单位训练基础就扎实,人员受益就大。在领导重视的前提下,推进特种体育训练的主要抓手有以下几方面。

(一)抓教练员培养

据统计,基层单位体育训练骨干缺口超过50%,既懂理论又会组训的骨干更是缺乏。加强相关院校特种体育教育,加强人员特种体育组训能力的培养,将为单位的特种体育训练提供有力的人才支撑。此外,还需要单位强化自身"造血"功能,通过自主培养的方式,加大专业教练员培养力度,壮大特种体育的人才队伍。

(二)抓群众性练兵

为了贯彻习近平总书记广泛开展群众性练兵比武重要指示,落实《关于加强新时代群众性练兵比武的通知》要求,在特种体育训练领域要广泛开展岗位练兵、质量排序、达标创纪录活动,打造本单位特色特种体育训练品牌。同时,对照训练标准,因地制宜,完善配套设施,统筹利用地方与友邻单位训练资源,为开展特种体育训练提供有力支撑。

(三)抓特种体育文化培塑

社会上流行的广场舞、马拉松深受民众欢迎且参与者众多,已经形成了独具特色的群众体育文化。一些单位在打造特种体育文化上,也有值得推广借鉴的经验做法。航空单位要求每个飞行员都要有一个终身锻炼项目,"体能不过关、训练莫上天"的观念在飞行员中深入人心。明确各类人员具备至少1项体育运动特长,相关单位每年至少举办1次体育运动会,创设和开展具有自身特色的训练课目,培养人员训练自觉、营造特种体育体文化、沉淀特种体育底蕴,推进"要我练"向"我要练"转变。

第二节 特种体育训练的基本规律

特种体育训练和人员身心素质的提高有着客观的人体生物学和心理学适应规律,只有遵循人体机能对训练的适应规律,合理安排训练负荷,使训练安排对身体机能变化的适应处于超量恢复状态,才能通过特种体育训练有效提高人员的身体和心理素质,真正发挥特种体育增强战斗力的功能。

一、特种体育训练的身体机能变化规律

在特种体育训练过程中,机体会产生一系列的生理变化,同时身体机能对这一系列的变化有一个适应过程。产生这一适应性的过程具有一定的规律。

(一)训练前的身体机能变化

在特种体育训练前,特别是在考核或重大比赛(武)前人体的某些器官和机能会产生一系列条件反射性变化,统称为"训前身体机能变化"。这些变化可产生在训练前或考核、比赛(武)前数天、数小时或数分钟。通常训练难度愈大,实战性愈强,考核或比赛(武)的级别越高,训前的反应就愈明显;训练者的情绪紧张、训练水平低、考核或比赛(武)的经验不足也会使训前反应增强。训练者的状态可以表现为训练准备状态、练前热症和练前冷淡。依据不同的状态可以进行有针对性的调整。如果训练者过度兴奋产生练前冷淡,可做些强度较大的与训练(或考核、比赛)内容近似的练习;如果训练者过度兴奋产生练前热症,准备活动的强度可小些,可安排一些轻松的和转移注意力的练习。按摩也可调整兴奋性,如强度较大的叩击能提高兴奋性,强度较小的揉、抚摩能降低兴奋性。训练前或考核、比赛(武)前遵守作息制度亦很重要,作息制度应尽量与训练或比赛(武)条件相一致。

(二)准备活动的身体机能变化

准备活动是指在特种体育训练前或特种体育考核或比赛(武)之前,有目的进行的身体练习活动,其目的在于形成良好的训(赛)前机能状态。

1. 准备活动的生理作用

准备活动的生理作用可归纳如下:一是提高中枢神经系统的兴奋性;二是增强氧运输系统的活动,获得更多的氧供应;三是使体温适度升高,体温适度升高能使神经传导速度加快,肌肉收缩速度增加,有利于氧的供应;四是降低肌肉的黏滞性,增强弹性,预防运动损伤;五是增强皮肤的血流,利于散热,防止正式训练或考核、比赛(武)时体温过高。

2. 影响准备活动生理效应的因素

准备活动的时间、强度与正式训练或考核、比赛(武)的时间间隔以及内容和形式等,是影响准备活动生理效应的主要因素。实验证明,准备活动的强度以 45% 的最大摄氧量强度,心率约达 100~120 次/min,时间在 10~30 min 之间为宜。此外,还应根据年龄、季节、训练课目、训练水平和个人特点等因素适当加以调整。总之,准备活动的强度和时间应以体温上升为主要标志。准备活动结束到正式练习或考核、比赛(武)开始时的间隔一般不超过 15 min,在一般操课中以 2~3 min 为宜。

(三)训练过程的身体机能变化

在训练的开始阶段,训练者各器官系统的工作能力不可能立刻达到最高水平,而是在训练开始后一段时间内逐步提高的。因此,将机体工作能力逐步提高的过程称为进入工作状态。

1. 影响进入工作状态的主要因素

通常进入工作状态所需时间取决于训练强度、训练性质、个人特点、训练水平和当时机体的功能状态。在适宜训练负荷下,训练强度越高,进入工作状态的时间就越短。动作越复杂,活动变换越频繁,进入工作状态就越慢。训练水平越高,当时的功能状态越好,进入工作状态就越快。年龄和外界因素(场地、气候等)也能影响进入工作状态的时间。

2. 极点与第二次呼吸

极点通常指在耐力训练进行到某一段时程,训练者常常产生一些难以忍受的生理反应,例如呼吸困难、胸闷、头晕、心率急增、肌肉酸软无力、动作迟缓不协调,甚至想停止训练等,这种状态称为"极点"。极点是机体在进入工作状态阶段产生的生理反应,其原因与进入工作状态产生原因相似,主要是内脏器官的功能惰性与肌肉活动不相称,致使供氧不足,大量乳酸堆积。在极点出现后,依靠意志力和调整运动节奏情况下继续训练,不久,一些不良的生理反应便会逐渐减轻或消失,动作变得轻松有力,呼吸变得均匀自如,这种状态称为"第二次呼吸"。此时,训练者坚强的意志力和顽强的拼搏精神对训练起着重要的作用。第二次呼吸产生原因主要是训练中内脏器官惰性逐步得到克服,氧供应增加,乳酸得到逐步清除。

极点出现的迟早、反应的强弱以及消失的快慢等,与训练课目、训练强度、训练水平、训前状态、准备活动和呼吸等因素有关。一般来说,长距离障碍跑、武装越野、武装泅渡等耐力性特种体育课目的极点反应较明显。训练强度越大,训练水平越低,气候闷热,极点出现得越早,反应也越明显,消失得也越慢。良好的赛前状态与适当的准备活动能推迟极点的出现和减弱极点反应。在极点出现时,应注意加深呼吸和降低跑速,这样有助于极点反应的减轻和更快消失。

(四)训练中的身体机能稳定状态

在训练进入工作状态阶段结束后,人体的机能活动在一段时间内保持在一个较高的变动范围不大的水平上,这种机能状态称为稳定状态。稳定状态可分为真稳定状态和假稳定状态。真稳定状态表示运动时需氧量和供氧量处于动态平衡的状态。假稳定状态则是运动时吸氧量已到达并稳定在最大吸氧量水平,但仍不能满足机体对氧的需要。

(五)训练中的疲劳与恢复

一般说来,特种体育训练疲劳的产生与人体的能源物质消耗过多、恢复不足以及缺氧、血液酸度增加等因素有关。疲劳最先发生的部位是大脑皮层,而肌肉的疲劳发生较晚。肌肉疲劳时,收缩力量就会降低,放松不完善。人体运动到一定时间后,就会出现工作能力暂时降低的疲劳状态;经过适当的休息,人体的各种机能和工作能力又会恢复到或在一定时间内稍高于训练前的水平。这种机能变化过程称为恢复过程。训练时只有达到一定的疲劳,才能获得相应的训练效果,可以说"没有疲劳就没有训练"。

在特种体育训练中,人体的能量消耗和恢复过程可简单地分为三个阶段。第一阶段:训练时能源物质主要是消耗,体内能源物质逐渐减少,各器官系统功能逐渐下降。第二阶段:训练停止后消耗过程减少,恢复过程占优势,能源物质和各器官系统的功能逐渐恢复到原来水平。第三阶段:训练中消耗的能源物质在运动后一段时间内不仅恢复到原来水平甚至超过原来水平,即"超量恢复"或"超量代偿",保持一段时间后又回到原来水平。超量恢复是客观存在的规律。超量恢复的程度和时间取决于消耗的程度,在一定范围内肌肉活动量越大,消耗过程越剧烈,超量恢复也越明显。如果活动量过大,超过了生理范围,恢复过程就会延缓(见图1-2-1)。特种体育训练的实践证明,训练者在超量恢复阶段参加训练或比赛,能提高训练或比赛效果。

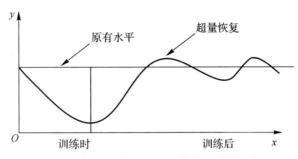

图1-2-1 特种体育训练机体能量消耗与恢复

二、特种体育训练的心理适应规律

特种体育对提高人员的心理素质具有重要的训练学意义,训练内容(如特种障碍、武装越野、武装泅渡、刺杀、格斗、攀登、海上救生、潜水等)蕴含着诸多的心理适应元素,通过特种体育训练所产生的心理适应,能有效提高人员的心理素质。因此,特种体育对提高人员的战场心理适应能力同样具有明显的训练效应。

(一)特种体育训练的认知心理适应

特种体育训练的心理适应力首先表现在认知适应上。在训练过程中,很多特种体育训练课目都需要训练者具备良好的动作感知能力、训练节奏感知能力、训练环境判断能力、身体动作信息处理能力以及视-动、听-动、触-动的本体神经反应能力等认知能力。在不同的训练课目中这些认知能力得以体现。具体而言,特种体育训练的特定的认知适应力主要表现为以下几个方面。

1. 空间知觉准确性的适应

在特种体育训练过程中,训练者要通过观测空间的大小、方位和距离来调整自己的技术动作。例如:障碍训练中,训练者要判断和估计障碍目标的位置、距离和高度;射击训练中,训练者要预测目标的距离、判断位置和目标移动方向;攀登训练中,训练者要凭视觉、平衡觉并辨别身体各部分的空间位置和移动方向;等等。因此,特种体育课目需要训练者具备良好的空间知觉准确性、精确性和明晰性。

2. 时间知觉变化的适应

在特种体育训练过程中,训练者只有具备相应的时间知觉,才能在训练过程中准确判断动作技术操作的速度、周期性动作的时距和到达终点的时间,从而调整动作的强度和速度。如武装越野、游泳泅渡、速度攀登、球类等诸多项目的速度时间,就比较明显地体现了这种训练适应的心理特点。

3. 注意力迅速转移的适应

一般情况下,人的注意力都相对集中和稳定。但是,在特种体育训练中,由于运动变化和反应速度的要求,既需要注意力相对集中、稳定,又需要注意力能快速转移,这就要求训练者注意力的变化和反应速度要超过常人。

(二)特种体育训练的情绪心理适应

人的一切活动总是伴随着情感的体验,因而表现出各种外在情绪。情绪变化又对训练效果产生着明显的影响。在特种体育训练中,各种外界条件和人员本身因素,例如训练的组织形式、训练条件的变化、训练负荷量大小、训练结果的变化、训练过程的身体生理机能变化等都会给训练者带来复杂的情绪变化,而在这一过程中,训练者必须学习调控自我情绪,以适应环境的需要。

情绪对训练的影响有积极和消极之分,健康积极的情感体验会对训练动作技术产生动力,使得训练者的大脑皮层神经兴奋,肌力增强,创造优异成绩。消极的情感体验可使训练者心理压力增大、战术技术、技能下降,动作变形,极大地影响训练效果,这在难度大、动作技术复杂的训练过程中尤为明显。

(三)特种体育训练的动机发展心理适应

心理学的研究表明,心理动机是人们一切行动的动力之源,其特点是越激越强,越用越激活。在心理动机能量释放过程中所产生的心理能力也具有同样的规律,即越用越有,越激越活。因此,在特种体育训练中,训练者的心理动机作为一种心理能力,其能量也是巨大的。

特种体育不同的训练内容不断向训练者提出挑战,激活了训练者征服困难的心理动机,使训练者的动机能量不断释放,产生源源不断的心理动力,这是训练过程应遵循的心理学规律。在一个完整的训练系统内,训练者的心理动机能力会在不断获取成功的过程中逐渐得到强化,逐渐形成对困难和克服困难的心理适应。因此,特种体育训练动机水平的发展不是瞬间形成的,而是一个逐渐形成和加强的过程。

为此,特种体育训练的目的就是要将蕴藏于训练者内心的动能挖掘出来,形成强大的心理能力以适应紧张、艰辛的特种训练生活。可以说,特种体育训练心理适应强调训练者的心理动力可以通过培养和激发逐步得以强化,这对于特种体育训练的心理能力开发和训练有着很强的指导作用。

由此,特种体育训练的不同课目和训练内容对训练者所产生的心理适应能使其形成良好的心理素质和心理品质。同时,训练者在特种体育训练中所形成的心理适应力又较好地提升训练者的心理品质,二者相互促进,相互提高。

三、特种体育训练的负荷适应规律

在特种体育训练中,人员的身体对训练负荷有一个适应过程,适宜的训练负荷强度是提高训练质量的重要因素。因此,合理安排负荷结构,使下次负荷安排处于上次负荷的超量恢复阶段,形成负荷—适应—加负荷—再适应的训练规律,使训练者在训练过程中逐渐形成相对稳定的机体适应状态,可有效地提高训练者的身心机能水平。训练量适宜对训练者身心会产生积极的影响,训练量超过身体的适应能力,训练者会产生过度疲劳,这时最容易发生各种外伤。疲劳长期积累会造成内伤,有损训练者健康。相反,训练量小,训练者感到不疼不痒,情绪不高,机体就不会产生应有的变化,训练效果就差。实践证明,特种体育的训练量安排得合理、科学、有节奏,训练者体能增长的速度就快而且稳定。组训者需要对特种体育训练的运动量加以充分的重视并不断进行研究。

(一)特种体育训练的生理负荷适应

特种体育的训练负荷是以身体练习为基本手段对人员机体施加的训练刺激。人体对训练负荷的刺激所做出的反应表现在生理和心理两个方面,因而存在生理负荷和心理负荷两个方面的变化适应规律。生理负荷是指人在训练活动中生理方面所承受的刺激,心理负荷是指人在训练活动中心理方面所承受的刺激。这些负荷因素的不同组合便形成了具有不同训练效果的训练负荷。

特种体育训练的负荷由负荷量和负荷强度两个因素构成。

负荷量一般表现为时间、次(组)数、总距离、总重量等。时间是指练习所占用的总时间,次(组)数是指练习动作的数量或组数,总距离是指周期性线性运动的距离累积数,总重量是指负重训练的重量累积数。

负荷强度一般表现为密度、速度、负重量、高度、远度、难度、质量等。密度是指练习与练习之间时间间隔的长短,或在一次训练课中练习时间占课的总时间的比例;速度、负重量、高度、远度是指不同项目训练中练习的用力程度;难度是指练习动作的难易程度;质量是指完成练习动作的质量高低。质量对负荷强度产生的影响是两方面的,有一些动作完成的质量高,但负荷强度大,有一些动作完成的质量高,且避免了多余的动作,节省能量消耗,负荷强度反而小。

负荷量和负荷强度是训练负荷中相互联系、不可分割的两个方面。有一定的训练量就有一定的强度,反之,有一定强度的训练就有一定的量。身体能承担较大的强度,就能承担较小的强度、较大的量;同样,身体能承担较大的量,就能承担较小的量、较大的强度。量的增加能为强度的提高打下基础,强度的提高又可为量的增加创造有利的条件。两者相辅相成,互相促进,不断提高,从而形成训练负荷逐步增加的趋势。

负荷强度在单位时间里直接反映了练习时身体的用力程度,对身体的适应影响起着比负荷量更为重要的作用。没有一定强度的刺激,就不能引起身体的适应过程。负荷量和负荷强度有一定的组合关系。在最大强度时负荷量要小,次大强度时负荷量可为中等,中等强度时可用次大负荷量,小强度时可承受的负荷量最大。

(二)特种体育训练的心理负荷适应

在特种体育训练中,组训者往往较为重视生理负荷,而在一定程度上对训练中的训练者表现出来的心理负荷考虑较少。在确定特种体育训练课的结构及进程时,比较注意依据训练者的生理机能变化规律来调整训练强度,但对训练者的心理活动变化的规律考虑不够。

从训练学理论来说,心理负荷是训练者在训练过程中所承受的心理刺激及心理消耗。训练者在特种体育训练过程中受生理负荷、教材难度、竞赛与对抗、师生关系、训练者之间关系等的刺激,而引起训练者的情绪、意志、注意力、动机水平等的变化,对训练者神经系统产生一定的应激反应,从而造成一定的心理能量的消耗。

心理负荷与生理负荷一样直接影响特种体育训练的效果,应对负荷量加以调控,才能取得良好的训练效果。也就是说,在特种体育训练中,只有训练的生理负荷和心理负荷都保持适宜水平,才能收到较好的训练效果。心理负荷过小或过大都难以取得预期的训练效果。过小,则达不到训练的目的;过大,又超出了训练者身心所能承受的限度。这对训练者的身体健康和教学任务的完成均十分不利。因此,合理地安排和调节特种体育训练课的生理和心理负荷是对组训者的一项基本要求,二者是否适宜也是评价特种体育训练效果的一项重要指标。

心理负荷和生理负荷是一对从属于训练负荷量的相关因素。在特种体育训练过程中,心理负荷和生理负荷既相互联系,又相互制约,共同影响着训练者身心的发展。一般来说,教材的难易程度、训练者练习兴趣的高低、练习密度的大小,都会在训练者心理和生理上造成一定的训练压力。而生理负荷量的大小常常渗透着心理因素的影响。例如,当组训者安排的训练负荷强度超出训练者的身体能力时,训练者就会自然产生退缩的消极心理。相反,如果训练者心情愉悦、轻松自如地参加训练,对组训者安排的大强度训练也会不知疲倦地自觉苦练,因训练产生的疲劳感也会延迟出现。总之,在训练条件下训练者心理产生的内部负荷状态,对特种体育训练的强度负荷有着重要影响。

四、特种体育训练的非常规规律

从特种体育训练的身心适应原理和身体机能变化规律看,特种体育训练只有遵循规律,才能取得良性的训练效果。但是,也必须看到,由于未来战争的突发性、严酷性和不规则性,特种体育训练也不能完完全全按部就班,中规中矩。在特种体育训练上,必须重视非常规规律的探索。

非常规训练是指在特种体育训练中那些与常规不同的训练,通常表现为超越人体极限的训练或不合常规的训练,其目的在于适应未来战争的需要。例如改变常人昼夜作息习惯的夜间训练,超长时间或超长距离的连续运动,恶劣环境下的习服训练等。非常规训练对人员的身体机能与心理能力都将产生不同常人的应激和变化。由此,特种体育训练的非常规规律是人员适应特种斗争需要进行身体训练所表现出来的身心变化规律。尽管特种体育训练的非常规规律有其不同常规的特点,也有其训练方式、训练内容的异常表达,但应当指出,特种体育训练的非常规规律是建立在常规规律基础上的;超越人体极限的训练或不合常理的训练安排,必须建立在身体机能水平提高的基础上;挑战人体极限的训练,需要有坚实的身心素质作保障。

特种体育的非常规训练具有主动适应的特性,需要循序渐进。在非常规的背后有其科学的规律,这是特种体育训练科学化一个需要我们高度重视、积极探索的研究方向。

第三节 身体素质训练的生物学基础

在特种体育训练中,由力量素质训练、速度素质训练、耐力素质训练、柔韧与灵敏素质训练所构成的身体素质训练,是特种体育的基础训练,也是特种体育训练的主要内容。它们之间相互联系,相互促进。掌握身体素质训练的生物学基础,有利于科学训练的组织与实施。

一、力量素质训练的生物学基础

人的任何活动都离不开肌肉的收缩力量,它维持着人类的生活能力。丧失肌肉活动力量的人,任何活动都将无法进行。每个人的跑、跳、投、攀登、爬越等各种运动技能和体力劳动均离不开力量素质。在各项身体素质（或体能素质）中，力量素质是所有身体素质的基础，也是掌握特种体育技能的必要条件。

（一）力量素质的概念及分类

力量素质对特种体育的各项训练都有极大影响，是开展特种体育训练的基本素质，也是衡量体能训练水平的重要指标。

1. 力量素质的概念

力量素质是指人体神经肌肉系统在工作时克服或对抗阻力的能力。肌肉力量的强弱和肌肉的形态及工作有关，也和神经系统对肌肉活动的调节能力有关。

人体所有的运动都是对抗阻力而产生的，而对抗阻力的动力来源于骨骼肌收缩时产生的张力——力量。因此，力量在各项身体素质中是一个很重要的因素。如果其他方面都相等，那么较大的力量常能取得较好的运动效果。例如，爆发力＝力量×速度，很明显，力量的增加有助于爆发力的提高。增加力量也有助于耐力的发展，使耐力增长。力量也是影响速度素质的一个重要因素，在做单个动作时，肌力越大，越能克服肌肉内部及外部阻力而快速完成工作。可见，在运动中有较大的力量就可获得较快的速度，同时力量素质也影响灵敏素质。因此，各种体能训练都很强调力量素质的训练。

2. 力量素质的分类

不同的学科理论对力量素质有不同的分类。在特种体育训练领域，根据不同训练课目和内容所表现的力量素质形式（肌肉收缩形式），一般将力量素质分为两类，即静力性力量和动力性力量。静力性力量是指在运动时肌肉主要做等长收缩而产生的张力，目的是使肢体处于一定位置或姿态。动力性力量是指在运动时肌肉以做等长收缩为主产生的张力，使身体产生明显的位移；动力性力量又分为重力性力量和速度性力量（也称爆发力）。

（二）力量素质的生理基础

人体的所有运动都是对抗阻力而产生的，当人体进行跑、跳、投等运动时，身体各部位必须表现出很大的力量，如跑速、游速的快慢与肌肉力量大小密切相关。因此，力量素质受到骨骼肌及相关因素的影响。力量的大小取决于以下几点。

1. 肌肉的生理横断面积

肌肉的生理横断面积是指垂直通过某块肌肉所有肌纤维的横断面积，肌肉生理横断面积的大小取决于肌纤维数量、每条肌纤维的横径和肌纤维的排列方向。肌肉的力量主要取决于肌肉的生理横断面积，即生理横断面积越大，肌肉的力量越大。每单位横断面积的肌肉力量大致相同，但个体差异相当大。

力量训练可以使肌肉生理横断面积增大，这种增大是通过肌原纤维数量增多、增粗而使肌纤维增粗的。肌纤维的增粗会引起一些生物化学的改变。采用等动负荷、高强度、慢速度的力量训练可以增加肌糖原、磷酸肌酸（CP）的含量，提高肌肉酶活性，使肌肉收缩时的能量供应更充足、及时，从而增大力量。

2. 肌纤维类型

肌纤维按照收缩的特性可分为快肌纤维和慢肌纤维两大类，快肌纤维较慢肌纤维能产生更大的力量,快肌纤维的横断面积对力量的影响更大。实验证明,骨骼肌中快肌纤维占比高及其横断面积大的人,肌肉收缩力量也大。

3. 肌肉的长度

一个人的力量大小取决于肌肉体积的大小,肌肉体积的发展潜力又主要取决于个人的肌肉长度(肌肉两端肌腱之间的长度)。肌肉长度主要受遗传的影响。此外,肌肉收缩前的初长度会影响肌肉收缩力量。在一定范围内,肌肉的初长度和肌收缩的力量成正比。

4. 肌肉生化成分的适应变化

在力量训练过程中,肌肉力量的提高会引起一些生物化学方面的变化,如肌红蛋白含量增加,肌肉的储氧能力提高;力量训练还可以增加肌糖原、磷酸肌酸的含量,提高三磷酸腺苷(ATP)酶、磷酸果糖激酶的活性,它们为肌肉收缩提供更充足的能源,从而增大肌肉收缩力量。

5. 中枢神经系统发放冲动的强度和频率

肌肉力量除与肌肉体积有关外,还与神经系统对肌肉的调节机能有密切关系。

(1)运动中枢的机能状态。力量训练可以使运动中枢的机能得到改善,表现为运动中枢能够产生强而集中的兴奋过程,发放同步的高频率兴奋冲动来改变肌肉收缩力量。发放的冲动和频率越强,支配肌肉的运动神经元同时兴奋的数目就越多,即参与工作的运动单位越多,以同时使更多的运动单位参与工作,并使每一个运动单位发生最大的紧张性变化。在一块肌肉中参与活动的运动单位数目越多,肌肉收缩的力量就越大。

(2)肌肉工作的协调能力。力量训练可以改善神经中枢的协调能力,使支配各肌群的神经中枢能够准确而及时地产生兴奋或抑制过程,并能够适时互相转换,使主动肌、协同肌、对抗肌、支持肌的工作更加协调,从而增大肌肉力量。

(三)力量素质训练应注意的问题

力量素质训练是人员身体素质训练的重要环节。在训练时应注意以下几点。

(1)负荷大小。不同的负荷,力量训练效果不同。一般来说,大负荷训练可使肌肉力量增长明显,但肌肉体积不增加。中等或中上负荷训练可使力量、肌肉体积都明显增加。小负荷训练则可改善肌肉耐力。

(2)练习速度快慢。发展速度性力量项目时,应多采用连续快速练习,重量可较轻,但速度要快。大负重时快肌纤维几乎全部被动员,所以也能发展爆发力。

(3)训练次数。隔天训练力量增长效果比天天训练要明显。力量增长后若能每两周训练一次,就能基本保持。

(4)性别差异。女子的平均力量大约是男子的2/3。在安排训练时,男女应该有所区别。

二、速度素质训练的生物学基础

速度素质也是人员身体素质的重要方面,在训练中应当把速度素质训练作为全面身体训练的重点。

(一)速度素质的概念

速度素质是人体进行快速运动的能力,或用最短时间完成某种运动的能力。按运动表现可以分为：反应速度，即对各种刺激做出反应的能力；动作速度，即完成单个动作时间的长短；周期性运动的位移速度，即周期性运动中的人体通过一定距离时间的长短。

速度素质是人体快速完成动作的能力和动作反应时间的总称，是各个运动项目的主要身体素质之一，也是一切训练的核心。速度和运用速度的能力几乎在所有特种体育训练课目中不可缺少，在一定的程度上影响着训练的效果。

（二）速度素质的生理基础

1. 速度与供能系统

人体的运动能力在很大程度上取决于人体提供能量的能力。人体快速运动能力与供能能力密切相关。在人体磷酸原供能系统、乳酸供能系统和有氧供能系统这三个供能系统中，速度主要依靠磷酸原供能系统的供能。磷酸原系统由 ATP 和 CP 组成。ATP 是人体一切活动的直接能源，且在肌肉内的储藏量很少，若以最大功率输出仅能维持 2 s 左右。此时，肌肉中的 CP（含量为 ATP 的 3～5 倍）能迅速释放能量供 ATP 再合成。ATP-CP 供能系统的供能仅能维持 7.5 s 左右，再长就要由乳酸供能系统供能了。乳酸供能系统可以持续运动的时间为 33 s 左右，超过这段时间就要依靠有氧供能系统了。因此，训练中可以根据运动项目持续时间长短，确立需要发展的供能系统。速度素质主要依靠磷酸原供能系统的供能，提高 ATP 和 CP 的储存量，以及它们在能量释放和转变过程中酶的活性，这对发展速度是非常重要的。

2. 速度与肌纤维

运动生理学家对人体肌纤维与运动关系做了深入的研究，认为快肌纤维是运动员速度素质的重要基础之一，快肌纤维的占比越高，且快肌纤维越粗，肌肉收缩速度越快，发展速度的潜力就越大。

3. 速度素质与神经系统

速度素质，特别是表现出最高频率的动作时，取决于运动神经中枢兴奋与抑制的转换速度，即神经过程的灵活性。在以快速和高频率完成的动作中，中枢神经系统的效应冲动通过运动神经元以集中"排炮"的形式发放出来，要达到这一点，神经过程的灵活性与兴奋性起着决定性作用。

肌肉活动是受人体的神经系统支配的。中枢神经系统可以通过改变骨骼肌参与工作的运动单位的数量，以及改变骨骼肌的运动神经冲动发放频率影响肌肉力量的发挥，从而影响动作速度。

4. 反应速度的生理基础

反应速度是指人体对各种信号刺激（声、光、触等）快速应答的能力。反应速度取决于兴奋通过神经传导所需要的时间，这与神经肌肉组织的兴奋性和灵活性有关。反应速度还与中枢神经系统的兴奋状态有密切的关系。当人体处于良好的训练状态，以及处于一定的肌肉紧张准备状态时，反应时间会缩短。

5. 动作速度的生理基础

动作速度是指人体某一部分快速完成某一个动作的能力。动作速度是技术动作不可缺少的要素,表现为人体完成某一技术动作时的挥摆速度、击打速度、蹬伸速度和踢踹速度等,此处,还包括在连续完成单个动作时在单位时间里重复次数的多少(动作频率)。动作速度取决于:第一,肌纤维类型的组成百分比及其面积。快肌纤维比例越大,且快肌纤维越粗,肌肉收缩速度就越快。第二,肌肉收缩力量。肌肉力量越大,越能克服肌肉内部及外部阻力更快完成工作。第三,肌肉组织的兴奋性。第四,条件反射的巩固程度。条件反射越巩固,动作越熟练,动作速度就越快。另外,动作速度也与神经系统对肌肉的调节能力有关。

6. 位移速度的生理基础

位移速度是指人体在特定方向上移动的速度。以单位时间内机体位移的距离为评定指标。以跑为例,周期性运动的位移速度主要取决于步长和步频两个因素及其协调关系,而步长和步频又受多种生物学因素的制约。步长主要取决于肌力的大小、肢体的长度以及髋关节的柔韧性;而步频主要取决于大脑皮质运动中枢的灵活性和各中枢间的协调性以及快肌纤维的百分比及其肥大程度。神经过程的灵活性好、兴奋与抑制转换速度快,是肢体动作迅速交替的前提。各肌群间协调关系的改善,可以减少因对抗肌群紧张而产生的阻力,有利于速度发挥。

(三)速度素质训练应注意的问题

在发展速度素质时,一是注意合理安排速度素质练习的顺序与时间,二是注意以发展力量和柔韧等来促进速度素质,三是注意速度练习时人体处在适宜的工作状态,四是发展速度素质应重视放松肌肉。

三、耐力素质训练的生物学基础

耐力素质是体能训练的重要内容之一,也是抗疲劳的重要素质。科学的训练方法可使耐力素质得到较大的提高。

(一)耐力的概念及分类

耐力是指人体长时间进行肌肉工作的能力。耐力的分类及命名十分庞杂。耐力按运动时的外在表现,可分为速度耐力、力量耐力、静力耐力、一般耐力、专项耐力等;按照运动时所涉及的主要器官,又可分为呼吸-循环系统耐力、肌肉耐力、全身耐力等;按照所参加运动的能量供应特点,可分为有氧耐力和无氧耐力。此外,还有根据工作时所处的环境来划分的,如高温工作的耐力、低温工作的耐力、低气压环境下工作的耐力及大脑抗疲劳耐力。在此,着重从能量供应的角度介绍有氧耐力和无氧耐力的生理基础以及发展耐力应注意的问题。

(二)有氧耐力的生理基础

有氧耐力指长时间进行有氧工作(该工作靠肌糖原、脂肪等有氧分解供能)的能力。有氧训练是发展有氧耐力的专门训练。

1. 心肺功能

心肺功能是有氧耐力素质的重要生理基础。强有力的心肺功能是运动中供氧充足的保证。长期进行有氧耐力训练,可使心脏出现运动性肥大,这种肥大主要表现为左心室内腔的扩张、心容积增大,但左心室壁厚度未见明显增厚或仅轻度增厚,这是耐力项目训练心脏的适应能力。同时,耐力训练还可使心肌氧化代谢有关的蛋白质合成增强,毛细血管数量增加,改善心肌有氧代谢条件。

从呼吸系统来说,肺通气量大的话,相应地吸入体内的氧量必然多。吸入体内的氧量不但和肺通气量有关,而且还与呼吸频率和呼吸深度的匹配有关。呼吸深度较大时吸入体内的新鲜空气越多,气体交换后进入体内的氧量也就越多。有氧训练的目的在于让训练者掌握运动时的呼吸要领(加深呼吸等),提高呼吸机能,从而提高有氧耐力水平。

单位时间内血液循环的量越多,运输氧的任务完成的就越好。因此,心脏功能是影响有氧耐力的重要因素。

2. 骨骼肌特点

有氧耐力的强弱和肌肉组织利用氧的能力密切相关,骨骼肌的某些适应性变化也是影响有氧耐力的重要生理因素。已有研究表明,长期耐力训练可以使骨骼肌发生有氧能力增强的适应性变化。

3. 能量供应特点

耐力运动的能量供应绝大部分是有氧代谢供应,即糖、脂肪在氧供应充足的条件下进行氧化分解,释放出大量能量以供长时间运动的需要。在长时间耐力训练中,肌糖原、肝糖原逐渐消耗,脂肪供能的比例随着运动时间的延长而逐渐增加,从而提高动用脂肪供能的能力。

4. 神经系统的调节能力

耐力训练能提高大脑皮层神经细胞对刺激的耐受力,在长时间的传入冲动作用下不容易转入抑制状态,从而能长时间地保持兴奋与抑制有节律转换的能力,使肌肉活动节律化。

耐力训练还能促使运动动力定型改善,提高各神经中枢间的协调关系。首先,使运动中枢中的兴奋和抑制更加协调,节省能量消耗;其次,使氧运输系统的功能更好地与肌肉活动的情况相适应,吸氧量与需氧量达到相对平衡,从而能长时间地坚持运动。

(三)无氧耐力的生理基础

无氧耐力又称无氧工作能力,是指在运动中身体供氧不足的情况下,较长时间对肌肉收缩供能的能力。无氧耐力和短时间、大强度项目速度耐力的运动成绩密切相关。无氧耐力的生理基础主要是肌肉的无氧糖酵解供能能力,血液缓冲乳酸的能力以及脑细胞对血液酸碱度变化的耐受能力。

1. 肌肉的无氧酵解供能能力

无氧代谢能力越强,则无氧耐力就越好。无氧耐力的主要能源是靠糖无氧酵解供给,因此糖酵解供能能力是影响无氧耐力的重要因素。

2. 血液缓冲乳酸的能力

乳酸是糖无氧分解的产物,是一种较强的酸性物质,在肌肉内生成后迅速进入血液。血液中有许多种缓冲物质,能中和进入血液的乳酸。碳酸氢钠是一种主要的缓冲物质。运动生理学将血液中碳酸氢钠的含量称为"碱储备"。经过无氧耐力训练的运动员的碱储备比一般人多10%左右。血液中的碱储备越多,缓冲乳酸的能力越强。

3. 脑细胞对血液酸碱度变化的耐受能力

影响无氧训练的另一个重要的因素就是细胞对血液酸碱度变化的耐受能力。当血液中的酸碱度发生变化时,血液中虽有缓冲物质能中和一部分进入血液中的乳酸,减弱它的强度,但因进入血液的乳酸量大,血液还是向酸性发展,加上因氧供应不足而导致代谢产物的堆积,给脑细胞的工作造成不利条件。脑细胞对缺氧及血液pH值变化十分敏感,因此脑细胞对这些不利因素的耐受能力无疑也是影响无氧耐力的重要因素。经常进行无氧训练,脑细胞耐受乳酸的能力会得到提高。

(四)耐力素质训练应注意的问题

在发展耐力素质时:一是注意在练习中体现训练者的个体化特征,注重激发训练者的主动性;二是注意有氧耐力训练的呼吸方法、节奏和深度;三是注意有氧耐力与无氧耐力训练相结合,训练中应注意动作的放松;四是注意在有氧耐力训练中加强医务监督。

四、柔韧与灵敏素质训练的生物学基础

柔韧与灵敏素质也是重要的身体素质,二者有着密切的关系。人员的柔韧与灵敏素质对完成特种体育各个项目的训练以及提高训练水平有较大影响。在格斗搏击、攀登、障碍、特项体操、越野等项目中,灵敏与柔韧素质必不可少。良好的灵敏与柔韧素质不仅能加大动作幅度、提高动作质量,使动作的随意支配能力更加精准、流畅、轻松、协调,而且能加速动作掌握过程,有利于技术水平的提高,能保持肌肉良好的弹性,预防肌肉僵硬和肌肉劳损,减少训练损伤,因而在特种体育训练中重视柔韧与灵敏素质的发展有重要意义。

(一)柔韧素质

良好的柔韧性对于发展其他素质具有积极的促进作用,同时减少运动损伤。

1. 柔韧素质的概念

柔韧素质是指人体关节在不同方向上的运动能力以及肌肉、韧带等软组织的伸展能力。对于人体运动环节来说,柔韧是指一个关节的活动幅度,是运动时这个关节及其相关肌肉活动的范围,是在身体的关节处于正常情况下所允许的最大运动幅度中移动身体某部分的能力。

2. 柔韧素质的生理基础

(1)肌肉、韧带组织的伸展性。肌肉伸展性与肌肉温度有关,通过准备活动,提高肌肉温度,降低肌肉内部的黏滞性,有利于柔韧性的提高。

(2)关节面的结构。关节面的结构是影响柔韧性最不容易改变的因素,基本由遗传决定,但训练可以使关节软骨增厚。其原因是活动关节软骨交替地受到加压和减压作用,使关节液由关节腔渗入软骨,引起关节软骨增厚。

(3)关节周围组织的体积。身体脂肪的含量和肌肉的体积等可以影响柔韧性,身体脂肪或肌肉体积过大都将影响邻近关节的活动幅度使柔韧性降低。

(4)中枢神经系统对骨骼肌的调节能力。中枢神经系统对骨骼肌调节功能的改善,主要是改善主动肌与对抗肌之间协调性,使主动肌收缩,对抗肌充分放松,降低动作的阻力,保证运动幅度的加大。

3. 柔韧素质训练应注意的问题

一是要充分做好准备活动和整理运动。进行柔韧练习前,充分的准备活动,能使机体组织的温度略微升高,肌肉的黏滞性降低。整理运动能使紧张的肌肉得以伸展,提高肌肉放松能力。主动放松肌肉的能力越好,关节活动所受肌肉牵拉的阻力越小,关节活动幅度就越大。

二是要与力量、速度素质协调发展。力量、速度的练习发展的是肌肉的收缩能力和速度,而柔韧练习能发展肌肉的伸展能力。将力量、速度、柔韧三者有机结合是提高肌肉质量最有效的途径。

三是要考虑训练者的年龄和性别差异,循序渐进、持之以恒。柔韧性随年龄增加而下降,年龄越大,柔韧性越差。年龄越小,练习的效果越好,只要坚持经常练习,已经获得的柔韧性可以得到较好的保持。

(二)灵敏素质

灵敏素质是人的运动技能、神经反应和各种体能素质的综合表现。

1. 灵敏素质的概念及分类

灵敏素质是指在各种突然变化的条件下,人体能够迅速、准确地改变身体运动的空间位置和运动方向,以适应变化着的外环境的能力。衡量灵敏素质的标志是人体在各种复杂变化的条件下能够迅速、准确、协调地做出反应动作。

灵敏素质是一种复杂的综合素质。灵敏素质可分为一般灵敏素质和专门灵敏素质两类。一般灵敏素质是指在完成各种复杂动作时所表现出来的适应变化着的外环境的能力。专门灵敏素质是各训练项目所需要的,与训练项目技术有密切关系的,以及适应变化着的外环境的能力。

2. 灵敏素质的作用

灵敏素质是单人体能素质的重要方面。以个人进攻作战为例,作战时,个人通常处在地势平坦、视野开阔、受敌火力威胁大的不利的进攻位置上。此时,要求个人在战场不断变化的条件下,对敌火力迅速做出反应,及时做出卧倒、起立、跃进、翻滚、匍匐前进等战斗动作。可以说,提高个人在时空急剧变化的条件下能迅速表现出对情况的准确判断、灵活应变、快速敏捷的反应速度、高度的自我操作能力以及迅速改变身体或身体部位运动方向的能力,是体能训练的重要目标之一。

特种体育训练中,衡量灵敏素质的标志是人员在各种复杂变化的条件下能够迅速、准确、协调地做出某些相应动作的速度。"迅速"表现为能在变化的情况下及时做出某一相应动作,要求必须具有良好的观察力、判断力和反应速度;"准确"表现为所做的某一相应动作在时间、空间以及用力等特征上相吻合;"协调"表现为同时或依次完成某一相应动作时,身体或身体某些部位之间在时间、用力、节奏及空间变化上的合理配合。人员如果能够在各种复杂条件下,迅速、准确、协调地做出某些相应动作,就标志其具备良好的灵敏素质。

3. 灵敏素质的生理基础

(1)神经中枢的机能活动性和分析综合能力。在对抗性训练项目中,运动形式发生变化时,动作的性质、强度都会有急剧的变化,必须迅速对情况做出判断,并当机立断地完成各种动作。因此需要神经中枢的机能活动性和分析综合能力的高度发展,大脑皮质运动动力定型的完善及神经过程灵活性的提高,加之动作协调稳定、高度自动化,在活动中会表现出灵活而省力。

(2)各种分析器的机能。各种分析器机能的改善,特别是肌肉、感觉器官和内脏器官的机能特性(兴奋性、灵活性)也是灵敏素质的物质基础。分析器机能在动作过程中能够表现出空间和时间上准确的定向定时能力,表现出动作准确、变换迅速,提高运动分析器的敏感性是特别重要的。另外,运动前充分作好准备活动,适度降低肌肉紧张度,解除肌肉活动时内在的阻力,也可以提高灵敏素质。

4. 影响灵敏素质的其他因素

(1)年龄与性别。一般来说,年龄与灵敏性成反比,年龄小的灵敏性要强于年龄大的。在性别特征上,女子较之男子要好。

(2)体重。体重过重会明显影响灵敏素质的发展,会使身体各部分的惯性加大,降低肌肉的收缩能力,因此在进行改变方向的动作时,速度就必然减慢。

(3)疲劳。人在疲劳时,爆发力、动作速度、反应速度、协调性都会下降,所以灵敏性也会显著降低。

5. 灵敏素质训练应注意的问题

一是灵敏素质训练的练习方法、手段应多样化,并经常改变;二是要在训练者身体状况良好且不紧张的情况下训练灵敏素质;三是灵敏素质训练的时间不宜过长,练习的重复次数也不宜过多;四是灵敏性训练应从培养各种能力入手,使训练者掌握更多的运动技能和特种技能,因为这些技能是表现灵敏素质的必要条件。

第二章　特种体育训练组织实施

学习目标

掌握特种体育训练计划制订的基本方法，了解特种体育训练强度调控的主要因素，掌握训练强度评定方法与简易指标的实践运用。

特种体育训练组织实施的科学性，关乎训练的针对性和实效性，也关乎训练伤病的有效避免与遏制。科学组训既包含训练过程的组织，也包含训练效果的实现，只有二者有机统一，才是科学组训的真义。特种体育训练的科学组训就在于特种体育训练的组织实施，必须遵循训练规律，以人体与训练相适应为出发点和落脚点，合理安排训练过程，科学调控训练量和强度，从而提高训练效益，实现训练目的。

本章主要围绕特种体育训练的计划制订与特种体育训练的负荷调控等进行阐述。

第一节　特种体育训练的计划制订

特种体育训练的本质是人的身体训练必须遵循运动人体科学规律。根据人体竞技状态具有周期性、阶段性的特点，运动员竞技状态的形成需经过"获得""保持""消失"3个阶段。一般将运动训练过程的一个大周期分为准备期、比赛期和过渡期等3个时期，并针对不同时期的特点提出各个时期的训练目标、训练任务和训练内容。要根据不同的训练阶段，合理划分训练周期，科学安排训练内容。

一、特种体育训练的周期理论

特种体育训练周期理论，即围绕战斗力生成模式实施训练，注意遵循人的竞技状态的波浪式发展的特点，依照准备—保持—消退的规律组织训练，以确保人员以最佳身体状态遂行任务。

单位特种体育训练周期一般以年度为一大周期，主要包括4个阶段：提高阶段、保持阶段、考核阶段、恢复阶段。

1. 提高阶段

提高阶段的目的是发展基础体能和基本运动技术。一方面，要按照标准严格执行各种各样的训练活动,使人体的骨骼、肌肉和关节逐渐变得坚韧强壮,体能逐渐增强。另一方面,这个阶段也要发展与战斗任务密切相关的基本技能,如进行越野、跳跃、越障、攀爬、刺杀、游泳等训练。通过循序渐进的练习,个人的身体能力逐步加强。

2. 保持阶段

保持阶段的训练目标是发展人员高水平的身体准备状态。通过训练,人员能够顺利遂行作战任务和特种演练,进行与本职岗位和各种作战任务相关的各类身体活动等。保持阶段增加了岗位能力与作战针对性的训练,如接敌负重行军、负重组合、综合战斗体能训练、救护组合等训练内容。

3. 考核阶段

考核阶段训练是以考核的内容进行针对性强化与补差训练,提高训练效果与应考能力。

4. 恢复阶段

恢复阶段训练目的是恢复人员的体能水平以使他们安全重返提高或保持阶段,并促使他们恢复先前的训练水平。伤病痊愈或渐愈的人员需先参加恢复阶段训练,才能重返提高或保持阶段的训练。长期部署、野外训练、休假、伤病恢复等因素,会导致人员从提高或保持阶段进入恢复阶段。一旦达到过渡标准,就可以重返其他阶段训练。

二、特种体育训练计划的种类

特种体育训练计划一般分为规划、年度训练计划、阶段训练计划、月训练计划、周训练计划和课时训练计划等。训练计划的内容主要包括训练的指导思想、训练目的、时间、地点要求和保障措施等。各级特种体育训练计划通常以文字附表的形式下达。

(一)训练计划的分类

1. 规划

规划主要明确一个时期内特种体育训练发展的指导思想与目标、实施步骤及措施要求等。

2. 年度训练计划

年度训练计划是对年度各种特种体育训练活动的总体安排,包括特种体育训练的指导思想、年度训练任务、主要训练课目的质量指标和要求、训练阶段的区分和完成年度训练任务的主要措施等。

3. 阶段训练计划

阶段训练计划是对某一季度(阶段)特种体育训练活动的具体安排,主要明确本阶段训练内容、时间分配、质量指标、保障措施及主要训练活动等。它是落实年度训练计划和组织与实施季度(阶段)训练的指导性计划。

4. 月训练计划

月训练计划是每月特种体育训练活动的具体安排,主要明确当月的训练内容、时间分配、质量指标、编组形式、训练活动场地区分、物资器材,以及训练的主要方法和组织者、授课者、责任者等。它是基层单位每月组织与实施特种体育训练的指导性计划。

5. 周训练计划

周训练计划也称周表,是单位贯彻落实月计划和组织与实施每周训练及其活动的指令性计划。周计划通常以训练内容为主,兼顾单位活动的各个方面,主要明确每日每课时的特种体育训练内容、目的、要求、地点、实施方法、保障措施、组织者或者教练员等。它是基层单位组织与实施训练和其他活动的基本依据。单位制定周表应详细而具体,如早操、正课或课外的特种体育训练课目时间和内容,都应提出明确要求。

6. 课时训练计划

课时训练计划主要指具体每一次课的计划,即教案。它是特种体育训练计划的最小单元,也是特种体育训练组织实施的基本元素。特种体育训练是在教案的基础上组织实施的。

(二)训练计划的科学制订

训练计划是特种体育训练的基本依据,也是对特种体育训练的预先安排,对特种体育训练过程的有序、有目的的组织实施是十分重要的。

不同单位、不同群体的身体状况不同,体能水平的差异是客观存在的,每次训练的内容、训练的量和强度,以及训练方法、手段的选择等都应当与训练者的实际情况相适应,这是训练计划制订的总体要求。由此,应以上级下达的计划为依据,制订本单位的特种体育训练计划,着重点放在周计划与课时计划上。

1. 周计划的制订

从周计划制订上看,着重要考虑训练负荷(强度和量)的合理安排,应高低错落,起伏有度。需要注意的是,训练量与强度不能同时上,要有所区分(见图2-1-1)。

训练的负荷与运动强度、运动量有关。练习强度:在定量下负荷,时间越短,强度越大。练习之间的间歇:间歇时间长,运动强度小;相反,间歇时间短,运动强度大。练习的重复次数:练习次数多,运动量大;相反,练习次数少,运动量小。

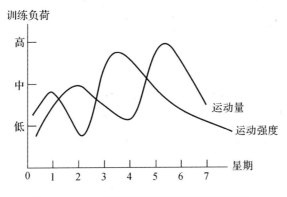

图2-1-1 周训练计划的训练负荷示意图

2. 课时计划的制订

在课时计划的制订中,训练负荷应由低到高,峰值落在课的中后部分(见图 2-1-2)。

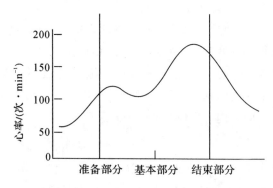

图 2-1-2 课时训练负荷变化示意图

三、特种体育训练计划的制订

特种体育训练计划是指组织实施、协调监控和保障特种体育训练的预先安排。特种体育训练计划应当以特种训练法规和上级特种训练指示为依据,结合单位的作战任务、训练水平、保障能力、身体条件和地理环境特点等实际情况制订。

(一) 制订目的

特种体育训练计划是对特种体育训练任务的预先安排,是特种体育训练组织实施的依据,也是各级为达成特种体育训练目标所制订的训练实施方案。制订特种体育训练计划的目的在于明确与规范特种体育训练内容、条件与标准,利于各级按照训练计划有序施训,避免训练的随意性与盲目性,提高特种体育训练的质量与效益。

(二) 计划分类

特种体育训练计划分为综合计划与专项计划。综合计划包括年度计划、月计划、周计划及课计划。专项计划主要指初级训练计划、体重控制计划、康复训练计划、特种体育运动会、比武、集训、考核等专项训练计划。必要时单个人员也可根据个人训练情况,依据单位特种体育训练总体安排,制订个人训练计划。院校特种体育训练计划依据人才培养方案列入教学计划统一实施。

(三) 基本要求

特种体育训练计划应根据特种训练阶段、人员身体能力和运动技能发展规律科学制订。训练内容应按照循序渐进、前后衔接、难易搭配和适宜负荷的要求进行安排,遵循先易后难、先简后繁、先小负荷后大负荷、先基础后应用、先徒手后携装、先校区后野外等原则合理安排。

科学安排基础体能训练、实用技能训练、岗位能力训练和综合应用训练课目,适度安排部分球类运动、趣味运动等其他体育活动,提高特种体育训练的有效性与趣味性。

(四)基本步骤

特种体育训练计划主要包括当前体能状况诊断,确定整体训练目标,划分训练周,规划训练负荷,选择训练内容、方法和手段,确定恢复措施等6个方面的内容。

当前的体能状况诊断和确定整体训练目标两部分内容是特种体育训练计划的准备性部分。这两部分内容既是特种体育训练过程中与训练计划的制订并列的两个独立的重要环节,又是训练计划中不可缺少的重要组成部分,为训练计划的制订提供必要的信息和依据。

划分训练周和规划训练负荷两部分内容属于特种体育训练计划中全局性的整体决策。这部分将会对训练的效果产生重要影响,应周密考虑。

选择训练内容、方法和手段及确定恢复措施两部分内容,属于特种体育训练计划的实施性部分。

1. 当前体能状况诊断

体能的起始状态是确定阶段训练目标的基础,状态诊断可为相应的特种体育训练活动提供基本依据,由此确立客观、准确的训练起点。训练者的现实状态是在不断发展变化的,诊断要在特种体育训练全过程各个阶段的开始、进行、结束等关键时刻进行。只有这样才能准确把握训练者的动态变化,并对训练计划及其实施情况做出准确的判断与评价。

2. 确定整体训练目标

依据特种任务及特种体育训练考核标准制定特种体育训练的整体目标。

3. 划分训练周

在划分训练周的基础上,明确各周的主要任务和周训练目标。在确定周训练目标时,应将人员初始状态测试的数据、训练损伤史等考虑在内。

4. 规划训练负荷

对于训练负荷的安排,要有整体考虑。一般来讲,可以单位来设计和规划训练的负荷量和强度。

5. 选择训练内容、方法和手段

在训练的实施过程中,训练方法和手段的选择,以及负荷要求的确定,需要更多地考虑训练内容的特征和参训人员的特点。

6. 确定恢复措施

没有恢复就没有训练,必须重视恢复问题。在制订特种体能训练计划时不仅要认真考虑训练内容、手段和负荷的大小的安排,还要制定相应的训练恢复措施。在每次训练前要进行热身和拉伸,训练后也要进行肌肉拉伸和放松练习。

特种体育训练的组训者运用科学的知识为人员制订并实施特种体育训练计划,并对是否达到训练目标做出评估。成功的计划需要通过进一步评估来修改并制定下一步目标。因此,特种体育训练计划的制订是一个动态过程,要求组训者对人员在特种体育训练中所取得的进步做出经常性评价,对所有人员特种体育训练总体方案进行有效管理。

第二节 特种体育训练的强度调控

特种体育训练中,为了顺利达到训练的目的,较快地提高参训者的训练水平,必须依据运动训练原理,灵活多变地采取有效方法,合理安排训练的强度,并在实施过程中有针对性地进行实时调整,这就是训练强度调控。

一、训练强度调控的主要因素

训练强度的调控主要涉及训练时间、训练负荷量、训练内容、训练方法和训练场地器材等因素。

(一)训练时间

训练强度与训练时间有着紧密的联系,在训练课目和内容一定的情况下,对训练时间的要求就成为训练强度调控的一个重要指标。同样的训练课目和内容,在较短的时间完成则训练强度就大,反之在较长的时间完成训练强度就小。

(二)训练负荷量

在训练时间一定的情况下,训练负荷量与训练强度成正比,即训练负荷量越大,训练强度就越大,反之训练负荷量越小,训练强度也就越小。反映负荷量大小的指标一般为次数、时间、距离、重量等。次数是指训练中重复练习的次数。时间是指一个统计单位中(一种练习、一次课、一周、一年或其他单位)训练的总时间。距离是指完成各种周期性练习的距离。重量是指完成练习的总负重量。

(三)训练内容

训练内容的选择不同,对训练强度的影响也不一样。

(四)训练方法

特种体育训练中常用的训练方法有讲解法、示范法、游戏和比赛法、变换训练法、循环训练法、持续训练法、重复训练法、间歇训练法等。选择不同的训练方法,或者对同一训练方法采取不同的要求标准,就会产生不同的训练强度。因此,训练方法是调控训练强度的一个非常活跃的因素。

(五)训练场地器材

针对不同的场地特点,训练的强度也不同。训练场地的选择也是训练强度调控的一个重要影响因素。

二、训练强度评定的简易方法

首先需要对训练强度进行评定,没有对训练强度的评定,训练强度的调控就无从谈起。

在特种体育训练中,易于掌握而又方便运用的训练强度评定方法是用心率指标结合主观观察的方法。目前,常用的有五级强度心率评定(见表2-2-1)、运动后即刻所测脉搏与训练强度的关系(见表2-2-2)、运动后5～10 min的心率恢复与训练强度的关系(见表2-2-3)。

此外,不同的训练强度有着相应的训练作用,强度分级的相应机能标参数及其作用见表2-2-4。

表 2-2-1　五级强度心率评定

强度等级	心率/(次×10 s^{-1})
1 级	30 以上
2 级	28～29
3 级	26～27
4 级	24～25
5 级	23 以下

表 2-2-2　运动后即刻所测脉搏与训练强度的关系

强度等级	心率/(次·min^{-1})
大强度	180 以上
中强度	150 以上
小强度	140 以下

表 2-2-3　运动后 5～10 min 心率恢复与训练强度的关系

强度等级	心率/(次×10 s^{-1})
大强度	较运动前快 6～9
中强度	较运动前快 2～5
小强度	恢复到运动前心率

表 2-2-4　强度分级的相应机能指标参数及其作用

强度分级	作用	心率/(次·min^{-1})	血乳酸/(mmol·L^{-1})	最大吸氧量/%	供能性质
低强度	恢复性	100～120	2～3	50～70	有氧
中强度	保持性	140～150	3～4	50～70	有氧
大强度	提高性	165～175	4～8	70～80	有氧无氧
高强度	提高性	175～185	8～12	90～100	混合
极限强度	提高性	185 以上	12 以上	90～100	糖酵解

三、简易指标的实践运用

在特种体育训练过程的调控上,有许多方法和手段。基层单位由于条件限制,缺乏相关的仪器设备,一些人体运动变化的生理机能指标和血尿生化指标难以监测,但也有一些简易的指标是可以运用的。在此,着重介绍心率和体重指标的实践运用。

(一)心率指标

1. 晨脉

晨脉是清晨起床前空腹卧位的心率,可以反映训练负荷对训练者心血管机能刺激程度。在训练周期中坚持测试,这些数据可以反映训练负荷的身体适应程度。训练者的个体差异较大,但同一个人或同一群体的平均值是较为稳定的,具有良好的纵向可比性。

(1)测量方法:清晨起床前,清醒状态下卧位,测量1 min(可采用10 s测试3次,取中间值或两个相同值再乘以6)。

(2)测量部位:桡动脉、颈动脉、心前区均可。

(3)指标意义:随着训练负荷量的增加和训练强度的提升,心率平稳或缓慢降低是机体反应良好的表现。训练中排除其他影响因素,若持续几天出现晨脉的显著升高(波动幅度>10%),则表示受训者对训练的不适应或训练负荷量过大。晨脉曲线图可作为训练强度调控的方法。

2. 训练中的心率

训练中的心率变化可以直接反映训练负荷的大小,也可以心率为依据调控训练的强度。一般来说,大强度训练以"220-年龄"为最高心率负荷,训练的组间控制以心率恢复≤120次/min进行第二次练习为宜。心率和训练强度在一定负荷范围内(相当于心率在120~180次/min)成正比关系,故可用心率和最大心率来监控训练强度。一般来说,大强度以上的训练后15~30 min,可恢复到训练前的安静水平;中强度训练后的10~15 min可恢复到训练前的安静水平;低强度训练后的10 min内可恢复到训练前的安静水平(见表2-2-1)。

(二)体重指标

体重在成年时期一般保持相对稳定,训练不适应时,可表现为体重的下降,但可以很快得以恢复。如果在训练过程中出现体重的持续下降,应注意是否患有某种消耗性疾病或过度疲劳。

体重测量:要求固定测试时间,使用固定测试器材(以杆杠式体重计为宜);固定测试着装,男赤上身着短裤,女为体能服(人体在一昼夜中体重是有所变化的)。

第三章 特种体育竞赛的组织与裁判方法

学习目标

了解特种体育竞赛的目的与意义,掌握基层单位特种体育竞赛的常用方法与成绩评定方法;了解特种体育竞赛中田径与篮球比赛的裁判方法。

特种体育最具有活力的就是比武竞赛。特种体育竞赛是广大人员深为喜爱且积极参与的活动,也是实践特种体育价值和功能的重要载体,对单位和院校特种体育训练的深入和持续开展有着重要意义。

本章主要围绕特种体育竞赛的目的和意义、特种体育竞赛的组织与裁判方法等进行介绍。

第一节 特种体育竞赛的组织

特种体育竞赛是各种特种体育项目比赛的总称。特种体育竞赛的组织涉及诸多方面,专业性很强。本节主要介绍综合运动会的组织、基层单位特种体育竞赛的常用方法以及成绩评定与名次决定的相关知识。

一、单位综合运动会的组织

综合运动会是将许多项目的比赛综合起来的竞赛形式,也是一个单位高规格的运动竞赛活动。

(一)综合运动会的组织方案

综合运动会的组织方案即运动会的筹备方案,是运动会各项工作的主要依据。它的内容一般包括运动会组织机构的设置、名称、比赛项目、时间、地点、所需人员、车辆调配等。

单位综合运动会的组织方案通常是由负责特种体育工作的业务部门,根据首长和上级机关的意图、指示负责起草。在旅团单位一般是由宣传、作训、后勤、装备等部门联合承办。在工作程序上,往往是政治部门先提出初步设想,再会同参谋部、保障部(处)协商办理。

组织方案起草完毕,应提交运动会组织委员会(或筹备委员会)讨论通过,再报请体育指导委员会(或党委)审查批准。

组织方案通常应包括下列内容：
1）比赛名称（如××单位第×届特种体育运动会）；
2）比赛的目的与任务；
3）比赛时间、地点；
4）主办和承办单位（说明是由上级主办、本单位承办的，还是本单位主办、委托下属某单位承办的，或是由本单位主办和承办）；
5）竞赛项目（应讲清共设有哪些项目）；
6）参加单位和总人数（拟哪些单位参加，各单位领队、教练员、运动员各多少人，总计多少人）；
7）奖励办法（团体、单项奖前几名，是否设破纪录奖，是否设体育道德风尚奖，等等）；
8）裁判工作（裁判队伍如何组成，裁判集训于赛前几天举行）；
9）开、闭幕式（说明是否组织开、闭幕式，是否组织入场式，规模如何）；
10）组织领导（组委会人员组成方式及工作人员的初步名单）；
11）竞赛保障工作（主要涉及经费、食宿、车辆油料、通信联络、医务保健、观众及安全保卫等问题）；
12）工作实施步骤（可将全部筹备工作划为若干阶段，并简单说明每个阶段工作要点）。

组织方案要立足于现实，有充分依据，不能脱离实际去追求不可能的事，也不能以实际去适应原则。

组织方案拟订后，经本单位体育指导委员会（或党委）审批后，就成为整个筹备工作的基础。

（二）综合运动会的组织机构与职责

为了做好各项筹备工作，保证综合运动会的顺利圆满进行，应当在赛前建立相应的组织领导机构。机构的设置要合理，职能划分要明确。对于旅团及以上级别的综合运动会的组织机构，可设组织委员会（简称"组委会"）、组委会下设办公室和仲裁委员会。

1. 组织委员会

综合运动会的组织委员会是整个运动会竞赛组织工作的最高领导机构。

组委会由主任、副主任和若干委员组成。主任一般由承办单位的主要领导或体育指导委员会主任担任，便于协调各方面的工作；副主任一般由承办单位的部门领导和比赛办公室主任担任；委员由大会办公室各组负责人、裁判长、仲裁委员会主任、体育道德风尚奖评选组长以及各领队担任。

组委会通常有以下职能：
（1）审议参加组委会人员名单；
（2）审议确定竞赛各职能部门的设置和负责人名单；
（3）审议批准各项工作实施方案；
（4）审议大会经费的使用原则、范围及经费预、决算方案；
（5）裁决竞赛过程中的重大问题；
（6）其他需要组委会决定的事宜。

(7)履行上述职责的方法是召开组委会会议,听取工作汇报和研究决定要解决的重大问题。在综合运动会的组织与实施过程中可召开2~3次会议。另外,还可定期或临时召开各有关部门的联席会,布置任务,检查监督决策的实施情况。规模较小的运动会也可根据具体情况减少会议。

2. 组委会下设办公室

组委会下设办公室是组委会的综合职能部门,主要任务是准确有效地贯彻执行组委会的决定,保证各项竞赛任务的完成。针对规模较大的比赛,可以设若干处、组,规模小的可以设几个组或由专人负责。办公室下设秘书、竞赛、行政(或后勤)等小组,做到分工明确、职能明确。

(1)秘书组的工作。秘书组负责组委会委员会议和有关联席会议的会务工作,负责起草领导讲话、总结等材料,负责各部门之间的工作协调和情况反馈,负责宣传教育和环境布置工作,负责开、闭幕式的方案制定和组织协调,负责组织欢迎晚会和协调有关迎送活动,制定大会工作人员和运动队有关规定,负责准备奖品和组织颁奖仪式,负责编写比赛简报和新闻报道工作,负责制发有关通知。

(2)竞赛组的工作。竞赛组负责制定竞赛计划和竞赛规程;负责运动队报名注册和资格审查;组织竞赛抽签和编排竞赛日程;编印秩序册;组织和实施各项竞赛;记录和公布竞赛成绩;监督竞赛规则和规程的执行,处理比赛中发生的重大问题,并及时向组委会汇报;负责确定仲裁和裁判长的人选,配备好裁判队伍;协助裁判长组织裁判队伍的赛前集训和实习;监督裁判员临场认真执行竞赛规则;组织体育道德风尚奖的评选工作;确定竞赛场地;按规程要求准备符合比赛标准的器材;赛前检查场地设施。

(3)行政组的工作。行政组负责经费预、决算,监督各组的经费使用情况;负责生活接待和住宿保障;负责交通车辆的调配、使用和驾驶人员的管理;负责医疗救护和饮食卫生;负责安全保卫工作;负责各代表队返程的安排。

上述各组的职责分工,可根据本单位竞赛组织的实际情况进行调整。有些工作可合并或省略。

3. 仲裁委员会

仲裁委员会在运动会组委会领导下进行工作。其任务是复审比赛期间在执行竞赛规程过程中发生的重大问题。一般情况下,较大规模的运动会均设立仲裁委员会。仲裁委员会成员由运动会组委会和竞赛部门的代表、裁判长或有关专家等5~7人组成,人选由组委会确定并公布。

比赛过程中,出现重大问题时,须向仲裁委员会提出书面申诉,仲裁委员会应根据书面申诉及临场裁判员、裁判长的报告,进行讨论并做出裁决。开会时,可吸收有关人员列席会议。仲裁委员会对申诉所作的决定为最终决定,并立即生效,运动队必须坚决服从。仲裁委员会所做决定应报运动会组委会备案。

需要指出的是,如果举行的综合运动会还具有选拔运动员组建本单位体育代表队参加上级的体育竞赛任务的话,还应设立选拔小组,由富有运动训练经验的同志或聘请有关专家,考察和选拔优秀运动员。

(三)综合运动会竞赛规程的制定

竞赛规程是特种体育竞赛的具体法规,是竞赛中各项工作的基本依据和指导性文件,无论运动会规模的大小,都应制定规程。

竞赛规程由竞赛的主办单位负责制定。一般由业务部门根据综合运动会组织方案的要求写出初稿,会同有关方面共同讨论,报体育指导委员会领导审批。

综合运动会竞赛规程的主要内容一般有以下几个方面:比赛名称、目的与任务、比赛日期与地点、参加单位、参加办法、运动员资格、竞赛办法、录取名次和奖励办法、裁判员、运动员报名、报到日期及地点、注意事项等。

竞赛规程总则和单项竞赛规程的内容可灵活安排,可写详细些,也可合并省略。如基层单位比赛时,只要把名称、日期、地点、参加单位、竞赛项目及分组、参加人数、竞赛办法、奖励办法写清即可,其他都可省略。

下面以大单位运动会和基层比赛为例,将运动会竞赛规程示例列出,仅供参考。

例1 ××单位第×届特种体育运动会竞赛规程。

为了推动单位特种体育训练的开展,活跃单位文化生活,同时也为选拔旅代表队参加上级组织的比赛,经旅党委研究确定举行第×届特种体育运动会。

一、竞赛日期和地点

20××年×月×日至×月×日,在大操场举行。

二、竞赛项目

特种五项、足球、篮球、乒乓球。

三、参加单位

各直属单位各组成一个代表队。

四、参加办法

各单位官兵,凡身体适合比赛者,均可按照各项目比赛报名名额要求,报名参加比赛。

五、竞赛办法

1. 特种五项设团体分,分别按各单位在单项比赛中得分的总和计分,得分多者名次列前;如得分相等按破纪录(按单位层级纪录依次评定)项数、次数和获第一名多少的顺序确定名次。

2. 足球、篮球比赛均需采用单循环办法进行,积分多者名次列前;如两队积分相等,按相互间胜负决定名次,胜者名次列前;如遇三支队(三支队以上)积分相等,按相互间比赛得失分率决定名次,高者名次列前。

3. 乒乓球进行团体和单打两项比赛,团体赛采用单循环赛,单打比赛采用单淘汰制。

4. 比赛采用《特种体育训练大纲》的考核标准与国家体育总局最新审定的竞赛规则。

5. 比赛服装要整洁一致,按大会统一规定佩戴号码(比赛号码布由大会准备)。

六、奖励办法

1. 设团体总分,取团体前两名。计分办法按集体和个人项目得分之和,得分多者名次列前。集体项目取前三名(包括特种五项团体分和乒乓球团体分),得分为20分、10分、5分;个人项目取前六名,得分为7分、5分、4分、3分、2分、1分。

2. 设立体育道德风尚奖,根据体育道德风尚奖的评选条件,本届运动会将评选体育道德风尚奖,集体×个,运动员、裁判员×名。

七、报名报到

各代表队于×月×日前将报名单一式两份送政治工作部宣传科。于比赛前两天由各代表队负责人向大会报到(各代表队均在本单位食宿)。

八、裁判员

各参赛单位等级裁判员×人,并于×月×日将名单报送政治工作部宣传科。不足部分由大会组委会安排。

九、 仲裁委员会与优秀运动员选拔小组成员由大会组委会指定。裁判员集中时间另行通知。

十、组织领导

本届运动会由体育指导委员会具体领导,吸收各单位负责人组成竞赛组织委员会。下设运动会办公室,由机关有关人员组成,负责具体组织工作。未尽事宜,由组委会另行通知。

例2 ×连20××年基础体能、篮球、乒乓球、拔河比赛竞赛规程。

为推进《特种体育训练大纲》的落地见效,推动单位体育活动的开展,活跃单位文化生活,决定组织基础体能、篮球、乒乓球和拔河比赛。

一、比赛日期

篮球比赛于4月12日至15日,拔河比赛于5月1日,乒乓球比赛于8月1至3日,基础体能比赛于10月1、2日,在本连操场和俱乐部举行。

二、比赛方式

各基层单位参加比赛。各项报名人数:篮球10人,乒乓球4人,拔河20人,基础体能每个课目每个单位4人。

三、竞赛办法

篮球、乒乓球团体赛采用单循环制,均采用通用的竞赛规则(篮球比赛使用8秒、24秒规则)。篮球、乒乓球项目成绩均取前两名。

拔河比赛采用抽签淘汰赛(三局两胜制)。每次比赛人员可临时确定,成绩取前两名。

基础体能比赛按《特种体育训练大纲》中基础体能课目进行。各基层单位要普遍进行全部课目的测验,选出每个项目的前4名参加上一级比赛。每人限报3项。录取团体冠亚军和单项前4名。单项得分按5分、3分、2分、1分计算,单项得分总和为团体分。得分多者名次列前。

四、报名时间

篮球于比赛前5天,乒乓球、基础体能、拔河比赛于赛前7天将名单报送连部文书。

各基层要积极准备,认真训练。干部、党员、团员要带头参加,遵守竞赛纪律,争取赛出新水平,赛出好成绩。

对于单项竞赛来说,它就是为某一个运动项目而组织的比赛。单项竞赛的组织从本质上看,与综合运动会并无大的差别,只是因为单项比赛是围绕某一个运动项目而组织的竞赛,所以它的规模和组织工作的复杂程度要小些,但竞赛的组织结构的设置、组织、管理的运行程序与综合运动会是基本相同的。

二、基层单位特种体育竞赛的常用方法

特种体育竞赛是个人之间或集体之间的竞争,这种对抗竞争须建立在公开、公平、合理、均等的基础上。由此,在组织特种体育竞赛时,要根据特种体育竞赛的具体任务,项目特点,参加队数、人数,比赛的期限和场地设备条件等,选用相应的比赛方法,从基层单位特种体育目前开展的情况出发。在此,就基层单位经常举行的球类(如篮球、排球、足球、乒乓球、羽毛球)、体操、田径、游泳等项目竞赛时的常用方法进行介绍。

(一)淘汰法

淘汰法是通过比赛逐步淘汰成绩差的,最后比出优胜者的比赛方法。淘汰法有两种情况:一种是按顺序淘汰较差的,比出优胜名次,多在田径、游泳等项目中采用。另一种是球类等对抗比较强的项目,每两队一组进行比赛,胜者进入下一轮,直到最后一轮决定优胜者。这种方法已形成制度,称淘汰制(见图3-1-1)

图3-1-1 淘汰法示意图(○为轮空,△为种子)

1. 淘汰法的特点

淘汰法的优点是能在较短时间内完成比赛任务。缺点是除第1名以外,很难合理地定出其他名次。强者可能在第1轮就相遇,一次失败即被淘汰,学习锻炼的机会较少。为了弥补这个不足,可采用种子法、补赛法、双淘汰法等。种子法是赛前了解参加者的运动水平,选定若干实力较强的队(人)作为种子,有计划地安排在淘汰表各个不同部分,使他们不在预赛、次赛中相遇,以便有充分表现的机会,并使比赛愈到后期愈紧张精彩。补赛法是决赛后用补充比赛来确定第2名以后的各个名次。双淘汰法是指参加者在比赛中失败两次后才无继续比赛的机会。

2. 淘汰法的编排

(1)计算比赛场数。单淘汰计算场数的公式是:参加的队(人)数减1。如有8个队参加比赛,比赛场数是8-1=7场。双淘汰场数公式是:参加的队(人)数乘2再减2。

(2)计算比赛轮数。比赛轮数等于队(人)数的2的乘方。例如:8个队(人)是2^3,即比赛为3轮,16个队(人)是2^4,即比赛为4轮。如参加的队(人)数不是2的乘方,比赛轮数则按大于队(人)数的2的乘方计算。若14个队参加比赛,则按16个队(2^4)计算,比赛为4轮;若18个队参加,则按32个队(2^5)来计算,比赛为5轮。双淘汰的轮数是:参加队(人)的数的乘方数乘2再加1。若8个队(2^3)参加双淘汰赛,则为3×2+1=7轮。

(3)计算第一轮比赛的队(人)数。若参加比赛的队(人)数正好是 2 的乘方数(如 4,8,16,32,64,□),则第一轮都比赛;若参加比赛的队(人)数不是 2 的乘方数(如 5,7,9,13,□),则第一轮就有轮空队(人)[从第二轮开始比赛的队(人)]。

计算第一轮比赛轮空的队(人)数的公式是:略大于队(人)数的乘方减队(人)数。如果 13 个队参加比赛,略大于 13 的乘方是 2^4 即 16,用 16-13=3。可得出第一轮有 3 个队轮空(见图 3-1-2)。

(4)编制比赛表。如果参加比赛的队(人)数是 2 的乘方时,将参加比赛的队(人)二者为一组,用"○"排出第一轮比赛队(人),然后再用"△"排出各轮比赛队(见图 3-1-2)。

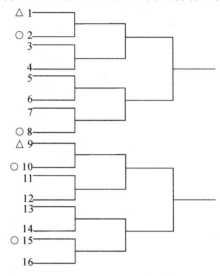

图 3-1-2 淘汰法的编排示意图

在编制中要安排好种子队(人)的位置,还要使轮空的队安排得比较合理。这方面有固定的位置表(见图 3-1-3、3-1-4)。

1	64	33	32	17	48	49	16	9	56	41	24	25
40	57	8										

图 3-1-3 种子位置图

查表的方法是按确定的种子数目,每行由左至右摘出小于或等于比赛号码位置数的号码即为种子位置号码。如果 8 个队比赛要设 2 个种子队,可从表上列出 1、8 位置为种子号码(见图 3-1-1 打△位置)。如果 13 个队比赛要确定 2 个种子,则应是 1、9 两个位置(因表内 9 在 8 前,见图 3-1-2)。

2	66	33	34	31	18	47
50	79	15	10	74	55	42
23	26	39	58	71	7	6
70	59	38	27	22	43	54
75	11	14	78	51	46	19
30	35	62	67			

图 3-1-4 轮空位置图

查表的方法：先根据参加队(人)数,选择最接近的、较大的 2 的乘方数作为号码位置数,然后按轮空数目依次在表上摘出小于比赛号码位置数的号码,即为轮空位置号码,如 13 个队比赛,号码位置数是 16,其中 3 个轮空位置在表上查出应是 2、15、10。再如有 6 个队比赛,则号码位置数是 8,轮空数为 2,在表上查出是 2、7(见图 3-1-1 打"○"处)。

(5)组织各队(人)抽签,"对号入座",确定在表中的位置。

(6)排出各轮次比赛的日期、时间、地点(乒乓球、羽毛球等比赛还要排出台号或场地号)。

示例：×连乒乓球单打比赛秩序表(见图 3-1-5)。

图 3-1-5　×连乒乓球单打比赛秩序图

(二)循环法

循环法也称循环制,所有参加比赛的队(人)均互相交锋 1 次,最后按各队(人)在全部比赛胜负场数、得分排列名次。循环法分为单循环、双循环和分组循环 3 种。在对抗性项目中根据参赛者的人数和比赛期限而分别采用。

1. 循环法的特点

循环法的优点是能为各参赛队提供更多的实战锻炼机会,有利于相互学习、相互交流和共同提高；比赛的机遇性和偶然性较小,赛出的名次比较符合实际,基本能反映出各参赛队(人)的真实水平。

循环法的缺点：一是占用时间较长,若参赛队(人)多,则时间、场地受到限制。如 10 个队采用单循环赛,需要赛 45 场,每队每天比赛一场,需 9 天时间。二是不能保证比赛高潮出现在最后阶段。固定的轮次编排和抽签的偶然性,常常造成赛程过半,形势已明朗化的情况,致使比赛的最后阶段参赛队有可能"无心恋战"。三是赛制本身有"空子"可钻,在循环赛的最后阶段,由于名次排列形势趋于明朗,那些胜负已不影响自己名次的参赛队或处于"连环套"关系之中的参赛队,有可能采取故意输球、"君子协定"等违背体育道德的作弊手法。

尽管如此,循环制仍然利大于弊,因而成为最常用的竞赛方法,常用于足球、篮球、排球等集体项目,有时也在乒乓球、羽毛球等项目中应用。在参赛队数较少,场地和时间都有保证的情况下,一般采用单循环或双循环；在参赛队数较多,场地和时间都受到一定限制的情况下,多采用分组循环。

为了减少循环制的弊端,近年来的比赛采用了一些较好的方法。如预赛成绩带入决赛、增强冠亚军附加赛或名次附加赛、决赛阶段采用佩寄制等。循环制在实践中的不断完善,必将使参赛者能更加公平、合理地竞争较量,使比赛更加精彩。

2．循环法的编排

根据基层竞赛的特点,在此仅就单循环法的编排进行介绍。

(1)计算比赛场数。其公式为

$$比赛场数=队数(队数-1)/2$$

例如:8个队参加比赛,比赛场数为

$$8×(8-1)/2=28(场)$$

(2)计算比赛的轮数。如参加比赛的队(人)是偶数,队(人)数减去1即为轮数。如8个队比赛8-1=7轮。如参加比赛的队(人)是奇数,比赛队(人)数即为轮数。如9个队比赛,就要进行9轮比赛。

(3)编排比赛表。比赛表的排列可以按上届比赛的名次或编制序列的顺序,也可以通过抽签排出顺序。如队(人)数是偶数,即可用轮转法编排;如队(人)数是奇数,则需要在最后一个号数后面加零,在轮转编排时如遇到零的号数即为轮空。

具体排表时,将比赛队平均分为左右两半,前一半号数由1起向下写在左边,后一半号数接着前一半号数的顺序向上写在右边。然后把相对号数用横线连起来,即为各队第一轮比赛(如遇0号轮空,下同)。从第二轮起1号固定不变,其余号数按逆时针方向(或顺时针方向)移动一个位置,再用横线将相对号数连接,成为这一轮的比赛,依此类推排出各轮次的比赛(见表3-1-1～表3-1-3)。

表3-1-1　4个队参加的比赛

轮　次	第一轮	第二轮	第三轮
比赛队	1—4 2—3	1—3 4—2	1—2 3—4

表3-1-2　5个队参加的比赛

轮　次	第一轮	第二轮	第三轮	第四轮	第五轮
比赛队	1—0← 2—5 3—4	1—5← 0—4 2—3	1—4 5—3 0—2	1—3 4—2 5—0	1—2 3—0 4—5

表3-1-3　6个队参加的比赛

轮　次	第一轮	第二轮	第三轮	第四轮	第五轮
比赛队	1—6 2—5 3—4	1—5 6—4 2—3	1—4 5—3 6—2	1—3 4—2 5—6	1—2 3—6 4—5

(4)按照编排表,确定每一轮、每一场比赛的时间、场地、各队服装颜色等比赛具体日程表。

(三)混合法

在一次竞赛的不同阶段中,将不同的竞赛方法配合运用称为混合法(或称混合制)。

1. 混合法的特点

在同一次比赛中,分组、分阶段采用不同的竞赛方法,是解决一些项目比赛人数多、场地少、时间紧等矛盾的好办法。混合法在一定程度上集淘汰法和循环法等赛制的长处,既能在短时间内完成比赛任务,又能比较客观地反映参赛运动队和运动员的技术水平,在基层单位实际组织的竞赛活动中,混合制的应用也比较广泛。

采用混合法比赛,要把比赛分为2~3个阶段,第一阶段采用分组循环赛,第二阶段采用单淘汰赛,或者先采用淘汰法后采用循环法。此外,还有循环法与淘汰法的混合等。

由于混合法各阶段采用的竞赛方法不同,而各阶段的比赛又有密切联系,这势必给竞赛组织工作带来一定的困难,因此,在编排方案的设计和竞赛组织工作中,要统筹兼顾,通盘考虑,拿出最佳方案。

2. 循环法与淘汰法的混合

(1)先循环赛,后淘汰赛的混合。这种竞赛方法常应用于各种体育竞赛中,它可以在少增加比赛场数的情况下,使部分运动员(队)得到更多的比赛机会,同时也使比赛结果更趋合理。

(2)先淘汰赛,后循环赛的混合法。这种竞赛方法常在参赛人数众多的情况下采用。该方法能保证在较短的时间内完成比赛任务,有利于在基层官兵中选拔运动员。同时,能使水平较高的运动员有较多的比赛机会,最后产生的名次相对于单淘汰赛来说也比较准确。

(3)循环法与淘汰法的混合。近年来,一些单位在篮球、排球等比赛中还采用循环法与淘汰法结合的混合法。第一阶段将参赛队分为两个小组进行单循环赛,各取前2名出线。第二阶段采用淘汰法决出前4名:第一轮两场,A1—B1、A2—B2,其中A2—B2中的负者为第4名;第二轮一场,由上一轮A1—B1中的负者与A2—B2中的胜者角逐,此场负者为第3名;第三轮为冠亚军决赛,由第一轮A1—B1中的胜者对第二轮的胜者。混合法既消除了淘汰赛的偶然性,又克服了分组循环赛的某些漏洞。

(四)顺序法

顺序法是指参加比赛的运动员按一定的先后顺序表现其时间快慢、距离远近、重量轻重、分数高低等成绩的一种竞赛方法,通常在田径、游泳、举重、体操、射击等项目中采用。

1. 顺序法在田径项目上的应用

田径比赛项目多,参加人员多,需要细致、科学地进行编排。在编排前要详细审查各单位报名单,是否按统一规定填写个人参加项目、各项最近的最高成绩、兼项等情况。要核查清楚各项目报名人数及兼项人数,还要弄清径赛能使用的道数,田赛、径赛场地能否同时进行,裁判员的人选等。然后按以下步骤编排:

(1)给参加比赛的运动员编号。

(2) 列出各个项目的总人数,根据径赛的道数确定组数和人数。

(3) 径赛项目、分道分组的项目先编排。可采用螺旋式编排法(按照成绩和每组人数依次螺旋式排列,见表 3-1-4)。

表 3-1-4　螺旋式编排

运动员组别	道次			
	1	2	3	4
三	11	1	10	20
二	17	7	9	19
四	13	3	8	18
一	14	4	7	17
五	15	5	6	16

还有一种蛇形式编排法(按照成绩和各组人数进行蛇形排列,见图 3-1-6)。

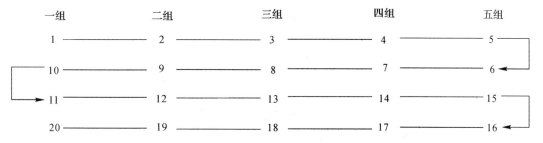

图 3-1-6　蛇形式编排

凡分道的项目进行分组时,应把成绩好的那个组放在第二或第三组(中间)进行。1 500 m 以上距离的项目进行分组决赛,则应把成绩好的组放在第一组。

分道的项目,道次靠近中间的为好道次。1 500 m 以上不分道次的项目,靠内沿的为好道次。确定道次可在比赛前临时抽签或事先按成绩编排道次均可。

(4) 田赛项目一般不分组,可按报名成绩或运动员号码顺序进行比赛,也可用抽签确定比赛顺序。人数过多时可采用及格赛(规定及格的成绩标准,凡在及格赛中未及格者均被淘汰)、分组赛(先分小组进行比赛,选成绩好者),而后再进行决赛。

(5) 计算每个项目占用的时间数。根据项目、人数、场地器材条件、裁判人数等来推算时间。各单项时间的总和即所需总的时间数。

估计各项目所需时间,估算时要照顾实际水平。各项次一般所需时间见表 3-1-5。

表 3-1-5　部分比赛项目编排的预计时间

项　目	预计时间
100 m	4～5 min
800 m	6～8 min

续表

项　目	预计时间
1 500 m	8～12 min
5 000 m	20～30 min
100 m	4～5 min
4×100 m	10～12 min
跳高	7 min×总人数
跳远	3 min×（总人数+8）
投掷手榴弹	4 min×（总人数+8）

(6)按规则规定项次之间的休息时间和兼项人员体力恢复时间，兼顾好田径赛之间的项目，进行项目编排。参加比赛人员的休息时间一般为 100 m 间休 45 min、800 m 间休 90 min、1 500 m 间休 2 h。

(7)在将以上工作完成后，即可编排竞赛秩序。第一，先编全能项目作为基础；第二，将径赛项目按性质分别安排在各场次中，并核算时间和查对兼项，发现问题及时调整；第三，径赛排定后再排田赛，也要注意兼项，同时要照顾性质相近项目的先后顺序。比赛顺序排好后，将具体的比赛日期、时间、场地等标出，即成为竞赛秩序表。

2. 顺序法在游泳项目上的应用

游泳比赛顺序法编排与田径的径赛编排法相似。需要注意的是：

(1)先计算出竞赛日数、场次和各场比赛时间。

(2)每场比赛各种姿势和男女项目应交错安排。

(3)在同一场，如有不同项目的预、复、决赛时，要考虑兼项运动员的间歇时间。一般是先排复、决赛，后排预赛。

(4)长短距离要兼顾，每项预、复、决赛不要排在同一场。

(5)尽量不要把所兼项目编得太近。

(五)轮换法

轮换法是将参加比赛者分成若干组，并在同一时间内，分别进行各个项目的比赛。比赛完一个项目后，各组依次轮换再进行其他项目的比赛。组织体操、《特种体育训练大纲》中基础体能项目等比赛采用这种方法能节省比赛时间，但要注意考虑运动员参加比赛项目的顺序、条件等因素。

三、基层单位特种体育竞赛的成绩评定与名次决定

在单位特种体育竞赛中，成绩和名次分为两种类型：一是个人或单项队的成绩和名次，二是团体成绩和名次。

(一)个人或单项队评定成绩和名次的方法

1. 按客观标准评定成绩和名次

田径、游泳、举重、自行车、速度滑冰、射击等项目,就是以时间、距离、重量、命中环数等客观标准来评定成绩、排列名次。如自行车、速滑、游泳和田径的跑、走(径赛),就是要记下每人、每项、每次比赛用了多少小时、分、秒(包括十分之一或百分之一),最后以谁用的时间最少为成绩最好,并依次排名。田径的跳高、跳远、投掷等田赛项目,是以距离(米)来计算成绩的,也以此来排列名次。举重是以重量(千克)、射击是以环数来计算成绩和决定名次的。若遇2人或2人以上成绩相等,则按比赛规则来决定。如果无法确定,可重新决赛或名次并列。

2. 按规定条件和动作质量评定成绩和名次

这类项目是由裁判员按规定条件、参加者完成动作的质量、动作的难度等评分,依分数多少决定名次。遇2人或2人以上成绩相等则名次并列。单杠、双杠、木马等体操项目可采用此方法。

3. 按战胜对手或特定因素评定成绩和名次

乒乓球、羽毛球、排球以局为单位,采用7局4胜或5局3胜来定胜负;足球、篮球、手球采用在限定的时间内进球数或折合分数定胜负;棋类如中国象棋、围棋,可以一盘定胜负,也可以3局2胜或5局3胜,比赛可延长,但到一定时间后则要定时间。几项球类单循环比赛决定名次的具体办法,可以根据不同比赛设定。

(1)足球。足球比赛胜一场得3分,平一场得1分,负一场得0分,积分多者名次列前。如两队或两队以上积分相等,按各队在同一循环全部比赛的胜场数、净胜球数、进球数的顺序决定名次,多者名次列前。如以上仍相等,则按积分相等的队相互比赛的胜场数、净胜球数、胜球数的顺序决定名次,多者名次列前。

(2)篮球。篮球比赛胜一场得2分,负一场得1分,弃权得0分,按得分多少决定名次,积分多者名次列前。如遇两队积分相等,按两队相互间比赛的胜负决定名次,胜者名次列前。如遇三支队(或三支队以上)积分相等,按相互间比赛的胜负场数决定名次;如再相等,按相互间比赛的得失分率来决定名次,得失分率高者名次列前。

$$得失分率=得分之和/失分之和$$

(3)排球。排球比赛如果是3∶0或3∶1胜一场得3分;负一场得0分,如果是3∶2胜一场得2分,负一场得1分;弃权得0分。积分多者名次列前。如遇两队或两队以上积分相等,按C值计算,C值相等,则以Z值计算,高者名次列前。

$$C=总得分数/总失分数 \quad Z=胜局总数/负局总数$$

(4)乒乓球。乒乓球比赛在单循环中按获胜次数决定名次,多者名次列前。先按次数,如相等按场数,再相等按局数,仍相等按分数。另外,获胜次数相等时还可按胜负比率决定名次(双方获胜次数相同时,可按他们之间比赛的胜负决定)。

示例:表3-1-6为×组乒乓球团体赛成绩积分表。

表 3-1-6 ×组乒乓球团体赛成绩积分表

组 别	成 绩						
	一班	二班	四班	九班	获胜名次	胜负比率	名 次
一班		5:0	4:5	5:1	2	0.642	1
二班	0:5		5:2	5:3	2	0.416	2
四班	5:4	2:5		5:2	2	0.437	3
九班	1:5	3:5	2:5		0		4

(5)羽毛球。在单循环比赛中,羽毛球团体赛按获胜次数决定名次。如两个队获胜次数相等,按他们相互间的比赛胜负决定;如 3 个队或 3 个队以上获胜次数相等,按他们在同组内比赛的净胜场数(胜场之和减负场之和)决定;如再相等,以净胜局数决定;仍相等,以净胜分数来决定。

(二)团体评定成绩和名次的方法

1. 按录取名次所得分数的总和决定团体名次

此方法适用于田径、游泳等项目。田径转化分可视运动会规模而定,按各队在各单项比赛中得分总和计算。根据得分多少决定团体名次,得分高者名次列前。如得分相等,破纪录项数多者名次列前;若再相等,获第一名多者名次列前;以此类推。团体未得分者不录取名次。各单项比赛录取名额和计分方法,可按照报名 7 人(队)以上的项目,取前 6 名;6 人(队)以下,4 人(队)以上的项目,取前 3 名;3 人(队)以下的项目取第一名。按 7 分、5 分、4 分、3 分、2 分、1 分计分。全能和接力项目计分加倍。破纪录可加分。

小型田径计分方法:两队每项各报两名者,按 5 分、3 分、2 分、1 分计算;3 队每项各报两名或两队每项各报 3 名或 6 队每项各报 1 名者,按 7 分、5 分、4 分、3 分、2 分、1 分计算;接力赛跑时,如两队,可按 5 分、2 分计算,3 队可按 7 分、4 分、2 分计算,6 队则按 7 分、5 分、4 分、3 分、2 分、1 分计算。

游泳比赛团体分计算方法与田径基本一样,可参照田径的方法。

2. 按各个项目(综合性运动会的田径、足球、篮球等大项)取得的成绩决定团体名次

(1)以第 1 名次数来确定,也就是以金牌数来比较。如旅运动会有足球、篮球、乒乓球、田径、游泳 5 个项目,也就是有 5 个第 1 名,哪个单位得第 1 多,哪个单位名次就列前。如得第 1 名次数相同,再比得第 2 名(银牌)数次,以至第 3 名(铜牌)数次等。

(2)以各单位在运动会上取得的总分来决定名次。在参加比赛的时间、场地、人员等条件基本均等的情况下,把运动会各项目的各个名次规定成分数,根据各单位得分总和决定名次。

3. 按参加者所得成绩的总和决定名次

此方法适用于以时间、距离、重量及次数确定成绩的单项团体比赛。例如大单位组织举重比赛,每基层单位各出 10 人举固定重量,以次数计算,累计 10 人次数之和决定名次,次数多者名次列前。

4. 按完成等级的参赛人数决定团体名次

应用此方法比赛,可鼓励更多的人参加。按参加比赛人数百分比加及格、良好、优秀百分比计算,百分比高的名次列前。如比例相等则按单项成绩之高低决定名次。

第二节 特种体育竞赛的裁判方法

特种体育竞赛裁判方法即组织特种体育竞赛过程的裁判工作方法。竞赛裁判方法是裁判员以竞赛规则条例为依据和准绳,为比赛双方提供一个公平、公正的比赛环境,促使比赛双方严格遵循规则精神,保证比赛公平、有序、精彩、激烈地进行。因此,裁判员必须熟悉竞赛规程、精通竞赛规则,掌握好裁判方法,才能真正起到裁判员在比赛中执法者、组织者、宣传者和管理者的重要作用。尽管不同项目竞赛裁判方法有所区别,但基本的要求是相同的。本节着重介绍田径和篮球比赛的裁判方法,以供参考。

一、田径比赛的裁判方法

田径运动会是院校和单位举办比较多的综合运动会。田径比赛的裁判工作可分为径赛和田赛(地方大型田径运动会还设有全能)项目开展工作。

(一)裁判员组成

田径比赛一般按径赛跑道数和田赛比赛进行裁判员人数配备。裁判员一般包括总裁判长、径赛裁判长、终点裁判长、终点裁判员、计时员、发令员、助理发令员、联络员、司线员、成绩记录员、田赛裁判长、检录长、检录员、检查员、田赛裁判员、宣告员、总记录员等。如果是基层单位田径比赛,受场地、器材、比赛项目和运动员人数的限制,一般一个裁判组就可以适应比赛的需要。可设裁判组长1名,发令员1名,检录员(兼联络员)1名,终点裁判员2名,计时员3名,司线员2名,成绩记录员1名,田赛裁判员3名,共计14名组成人员。

(二)裁判员职责

1. 总裁判长

总裁判长赛前熟悉规程,组织裁判员培训;赛中掌握比赛进程,根据规则精神处理疑难问题;赛后宣布比赛成绩,做好竞赛总结。

2. 径赛裁判长

径赛裁判长负责检录、发令、计时、检查等裁判组的裁判工作,保证径赛项目准时比赛。处理比赛中有争议的问题,如有疑难问题不能解决时,应签署意见报总裁判长解决。认真检查场地器材,每组比赛后立即审核成绩并签名。

3. 田赛裁判长

田赛裁判长负责以高度和远度计算成绩项目的裁判工作,根据规则精神,解决比赛中出现的问题,如对取消比赛资格不能作出决定或对疑难问题不能解决时,应签署意见报总裁判长解决。检查场地器材,审核比赛成绩并签名。

4．检查长和检查员

检查长和检查员比赛前复查径赛场地、设备和器材。比赛中检查径赛运动员有无犯规情况。

5．检录长和检录员

检录长和检录员根据竞赛秩序所排定的时间,在每个项目比赛前 20～30 min 点名,并检查运动员的号码、组别、服装、比赛鞋等,最后将运动员带到起点交给助理发令员。

6．发令员和助理发令员

发令员负责讲解有关起跑规则和要求,准时发令,判定运动员起跑是否犯规,解决起跑时的有关问题,发令前与终点裁判长取得联系。

助理发令员应协助发令员判定运动员是否犯规,与检录员联系,按检录表组织运动员进入起跑位置,并负责登记运动员起跑犯规情况。

7．终点裁判长、终点裁判员、计时员

终点裁判长领导终点裁判员和计时员,判定运动员到达终点的名次,完成中长跑的记圈工作。每组比赛结束后,收齐名次报告表、记圈表,核实签名交径赛裁判长。

终点裁判员应认真观察和判定自己所看人的名次和负责 1 500 m 以上距离比赛的计圈工作。

计时员应独立、准确、迅速地计取运动员的比赛成绩。

8．跳部裁判员

跳部裁判员在比赛开始前,到检录处进行检录并带领运动员到比赛场地,并讲解有关事项。比赛中按照规则规定,保证比赛顺利进行。比赛结束时,审核、判定名次,签字后交田赛裁判长。运动员破纪录后,报请田赛裁判长等到现场审核成绩并签字。

9．掷部裁判员

掷部裁判员在比赛开始前到检录处进行检录,检查运动员号码、服装等,然后带运动员入场,向运动员宣布注意事项。判定运动员是否犯规,每次有效试掷后,应立即进行测量。赛后核定成绩,判定名次,签字后交田赛裁判长。运动员破纪录后,报请田赛裁判长等到现场审核成绩并签字。

10．宣告员

宣告员负责宣告比赛进程和各项比赛成绩,广播宣传稿件。

11．编排和记录公告组长及成员

编排和记录公告组长及成员比赛前根据报名单编制运动员姓名、号码对照表,各项比赛分组表和竞赛次序号。比赛中及时将各项成绩分别详细记录、公布,将所有决赛成绩列一总表,以便核得分与发奖。比赛结束后将全部竞赛成绩或前几名成绩编印成册,作为基层单位的特种体育历史资料。

12．场地器材组长及成员

场地器材组长及成员根据规则和项目画好场地,办理器材收发,保证及时使用等。

(三)径赛项目裁判方法

1. 检录组

(1)赛前向编排记录组领取卡片,校对后,统一分发。

(2)每项比赛前约 20 min 开始按分组表召集运动员。第 1 次召集时,运动员可做准备活动;第 2 次召集时,运动员应到达点名处听候点名。

(3)点名时,按组别、道次呼喊号码,并以组为单位按道次顺序列队。第 1 次点名未到者,在卡片上标出记号;第 2 次点名时,可只呼喊第 1 次未到者;若第 3 次点名仍有不到者,则按自动弃权处理,取消其比赛资格,并填写在运动员缺席通知单内。点名完毕后,检查运动员号码、服装、比赛鞋等是否符合规定,并讲解注意事项。

(4)将参赛运动员带到起点,交发令组,并说明缺席情况。如遇组别或运动员有变动时,应报告径赛裁判长。复赛或决赛时,带领运动员入场后,除将检录单交给起点、终点裁判员外还应交给宣告员一份,以便及时介绍情况。

2. 发令组

(1)赛前检查所需器材,如发令枪、子弹、哨子、烟屏、联络旗、道次标志牌及接力棒等;了解和掌握各项目起点、终点等情况。

(2)运动员入场后,简要讲解规则和注意事项,介绍场地有关情况,如是否分道跑、何时抢道、跑几个弯道、跑几圈等。

(3)助理发令员负责检查运动员参加的项目、组别、道次和号码,接力赛跑时,负责准备接力棒。

(4)组织运动员在起跑线后 3 m 的集合线上,按排定的道次或顺序站好。

(5)发令员应选好发令位置,一般站在与各运动员的距离大致相等、运动员能清晰地听到口令和枪声,自身能清楚地看到运动员并能让计时员清楚地看见枪烟的地点。

(6)发令前用旗示与终点裁判长联系。如终点裁判长示意已经做好准备时,应组织运动员上道,等候发令。

(7)发令员的口令要清晰、洪亮、平稳。400 m 以下距离的比赛为"各就位""预备",鸣枪;800 m 以上距离的比赛口令为"各就位",鸣枪。在发"各就位"的口令时,举枪至烟屏的中下部,枪要举平,稳定不动,待全体运动员进入出发位置并做好准备,发出"预备"口令,运动员均稳定后,即可鸣枪。

(8)起跑时,要根据规则判定运动员是否犯规。

"各就位"或"预备"口令发出后,所有运动员应立即做好最后预备姿势,不得拖延。经适当时间仍不服从命令者,以起跑犯规论。"各就位"口令下达后,如运动员用声音或其他方式干扰比赛中的其他运动员,以起跑犯规论。运动员在做好最后预备姿势之后和鸣枪之前开始起跑动作,应判为起跑犯规。

(9)起跑犯规的运动员,必须予以警告,对 2 次起跑犯规负有责任的运动员或在全能运动中对 3 次起跑犯规负有责任的运动员,应取消其比赛资格。

如遇有运动员抢先起跑时,要及时鸣第二枪或鸣哨将全组运动员召回,并给予适当的放松时间,在与终点裁判长联系后,方可重新比赛。

(10)长跑比赛领先运动员剩最后一圈时,鸣枪或摇铃示意。第1组运动员出发后,令下一组做好出发前的准备。

3. 检查组

(1)检查长领导检查员在比赛前复查径赛场地的距离和起点、终点、接力区位置是否有误,器材是否符合规定。

(2)掌握径赛项目的顺序,熟记各项径赛规则。

(3)确定联络信号。检查长与检查员之间的旗示如下:

1)预备旗示:检查长将旗(一般使用黄旗)直臂侧平举,各小组检查员立即整队准备进场。

2)询问旗示:检查长将旗上举在头上方不动,检查员面向检查长将旗上举表示准备就绪,或没有问题。

3)犯规旗示:检查员将旗上举头上左右摆动。

4)换位旗示:检查长将旗上举在头顶上画圈。

5)检查长与终点裁判长的联络旗示:面向终点将旗举至胸前,表示准备就绪。

6)检查长与径赛裁判长的联络旗示:检查长收到检查员发出的"犯规"信号后,面向径赛裁判长将旗在体前左右摆动,提示该组成绩缓报,并请径赛裁判长进行处理。

(4)分工确定工作地点和检查区域。检查长一般应位于终点裁判处。直道跑项目比赛,检查员分布在跑道两侧交错站位;400 m以上项目比赛,检查员应分别站在4个直道和弯道的连接处或抢道标志线处;进行接力项目时,应以接力区为重点,检查员主要分布在接力区前、后沿;公路跑的项目,检查员主要分布在折返点和交叉路口等处。

(5)每项比赛开始后,要认真负责,细心观察。遇到下列情况时,应判运动员犯规:运动员在比赛中挤撞别人或阻碍别人走或跑;分道跑的项目,跑出自己的分道影响了他人并从中获得利益;比赛途中擅自离开跑道或比赛路线;接力项目比赛时,没能在接力区内传递接力棒,或没有手持接力棒跑完全程;等等。

(6)如发现运动员犯规时,应分清犯规的道次、号码与情况,并在犯规地点做一标志,在该组最后一名运动员到达终点后,用旗示向检查长报告,同时填写检查报告表。待检查长到犯规地点时,如实汇报情况。检查长应根据报告提出处理意见,送交径赛裁判长。

(7)在进行接力项目时,检查组负责将各组运动员安排在接力区;在不分道的接力比赛时,应组织运动员按先后次序传递接力棒。接力赛乱道后,按赛跑队员跑出最后一个弯道的先后顺序进行安排。将领先队的接棒队员安排在第1道等候接棒,然后将处于第2位队的接棒队员安排在第2道等候接棒,依此类推。

4. 计时组

(1)计时长。计时长根据任务和要求,制订计划,进行分工。一般分道跑的项目按道次分组,不分道跑的项目按名次分组。

1)认真做好检查和校对停表的工作,统一停表使用方法。

2)研究规则和统一计时方法。可在相同的时间内,练习同时开、停表的方法。必要时,计时员之间可相互换表,从而了解计时员的技术水平和各表的性能,以供计时员分工时参考。

(2)计时员。计时员应在跑道外与终点线排成一条直线。如有可能,计时员的位置应距跑道至少 5 m。有条件时,最好使用计时台。

1)每个项目优胜者的成绩均应有 3 名计时员(其中 1 人为计时长)和 1~2 名候补计时员计取。候补计时员所计成绩不予考虑。除非 1 名或 1 名以上的正式计时员的表不能准确计取时间,候补计时员的表才可用来替补。事先要规定好替补的顺序,使所有赛跑项目中都有 3 块秒表计取优胜者的正式成绩。

2)每名计时员应独立工作,不得让其他任何人看表或讨论其所计的成绩。应将成绩填写在成绩记录表格内签字后交计时长,计时长可以验表,以核对所报成绩。

3)各项比赛开始前 3~5 min,计时长将手计时成绩记录卡交给最下面第一道计时员迅速往上传递。

4)当听到比赛即将开始的信号时,计时员应立即回表,若无此类信号时,计时长应发出"回表"口令。

5)计时员"回表"后,应立即注视起点,并力求辨认清楚自己所记道次运动员的特征,然后应全神贯注于烟屏,并按紧电子秒表的按键,见烟(或光)开表。开表后,立即检查停表是否走动。如有故障,立即报告计时长,以便安排候补计时员替补。确认秒表无误后,再注视运动员跑进。

6)当其所负责的运动员接近终点时,应按紧停表键(注意不可用力过大,以免造成提前停表),目光看终点线后沿垂直面,用余光看运动员,直至运动员的躯干(不包括头、颈、臂、手和脚)抵达终点线或终点线后沿垂直平面的瞬间停表。计时的关键是"烟出开表,人到表停"。停表后,应注意核对运动员的号码是否与径赛记录卡上的号码相同。然后将成绩准确无误地填写在径赛成绩记录卡上交计时长。记录时应使用符号,如 1 h 10 min 15 s 或 1:10′15″。

7)判定成绩时,在跑道上各项径赛手计时的成绩,都要进位换算成 1/10″。如 100 m 项目 11″81 应换算为 11″9;部分或全部在场外举行的径赛手计时成绩,应进位换算为整秒,如马拉松 2:09′43″,应换算为 2:09′5″。如用 3 块秒表记取 1 名运动员成绩,其中 2 块表所计成绩相同时,应以两表所示的成绩为准;如果 3 块停表所计成绩各不相同,以中间成绩为准;如只有 2 块秒表,所计成绩不相同时,则应以较差的为正式成绩。

8)每组运动员比赛完后,计时长应及时回收计时报告表进行审查,必要时可与终点裁判组进行核对。如遇所计具体成绩和终点裁判员判定的名次不一致时,应与终点裁判长协商解决,一般以终点名次的判定为准。

9)如遇运动员破纪录时,应及时审查计时表,报告径赛裁判长和总裁判长,并将所计成绩写在报告表上,送交终点记录员,按规则规定的手续进行处理。

10)计时长应在每组计时工作结束,经核对所计时间无误后,再下达"回表"口令。

5. 终点裁判组

(1)终点裁判长。根据比赛任务,终点裁判长组织裁判员编组,研究分工方法。一般有按名次分工和按道次分工两种方法。

1)搞好裁判实习。可将裁判员分成两组轮流当运动员,或利用运动员练习的机会,组织裁判员实习判定名次。

2)每场比赛前,提前到场就位。终点裁判组一般设在跑道内侧。

3)每组比赛前,终点裁判长接到检录单后,向裁判员宣读即将进行的比赛项目、组别、赛次、运动员道次、号码,各裁判员应将上述内容填写在"终点名次报告表"上。

(2)发令员。当发令员以旗(或鸣笛)表示已做好准备工作时,终点裁判长应通知裁判员准备,并与计时长、检查长取得联系。在各组做好准备后,即向发令员回旗。

1)在发令员鸣枪后,裁判员应全神贯注地观察运动员的情况,认真观察运动员的服装颜色特点和名次变化等,从中找出自己预判的名次。在所判名次的运动员撞线后,仍要盯随并记住该运动员的号码。终点裁判长应将全体运动员到达终点的先后次序清晰地记住,写在"终点名次速记表"上。

2)全部运动员到达终点后,终点裁判长将各裁判员的"终点名次报告表"收齐,核对后交终点记录员,必要时可与计时长的"记时报告表"进行核对;同时与检查长联系,看有无犯规;最后由终点记录员将成绩登记复写在终点记录表上。

3)终点裁判长将终点记录表审核签字后,交径赛裁判长审查签字,由终点记录员交宣告员宣告。

4)如遇裁判员对名次判定不一致时,终点裁判长可根据自己的判定作出判断。如有重大问题,应报告径赛裁判长解决。

6. 越野赛跑

裁判组一般设裁判长1名,副裁判长1~2名,下设发令、引导、检查、计时、终点等裁判员。

(1)发令员。设1~2名,按名单组织参赛人员排队上道,讲解注意事项,介绍路线。起跑位置可按每个单位排成一路或两路纵队的方法。发令时,先发出"各就位"口令,待全体运动员稳定后即鸣枪。领先运动员返回到离终点100 m或场地最后一圈时,再次鸣枪。

(2)引导组。设2~3名,负责引导参赛人员按规定路线前进。一般可备两辆摩托车或自行车,车上设置红旗,在运动员队伍前30~50 m处引导。

(3)检查组。设10名以上,根据需要在途中设若干检查站,每站2名人员,折返点3名。负责检查运动员在途中是否有犯规情况,是否到达规定的地点返回。最后将所有到达折返点的人员号码按顺序记录下来,或用报话机报给裁判长。设在交叉路口的检查员,应以旗示指明跑进方向。在越野跑的比赛进程中,运动员不准接受任何人提供的帮助或饮食。

(4)终点裁判组。设3~6名,负责判定名次和设置终点线。可准备若干名次卡片,按运动员到达终点的先后顺序发放,并按卡片登记名次。

(5)计时组。设6名以上,负责计取每一名运动员比赛所用的时间。参加人数较多而计时秒表较少时,可采用看表报时法。除录取名次或前3名运动员每名一表记时间外,其余人员采用1名报时,1~2名记录成绩,1~2名记运动员通过终点顺序的号码,排出所有参赛人员的名次和时间。当运动员跑至终点线时,终点裁判长喊"第×名到",并在喊"到"字的同时挥动红旗,报时员以此为准看秒表时间,随即呼喊"×分×秒"。记录员则按裁判长报的名次及报时员报的成绩做好记录,按此方法至最后一名运动员到达终点再停表。也可在运动员跑至终点线时,一名计时员采用按名次顺序发号码牌,或报号码的顺序,一名记成绩,一名记号码,再汇总排出名次或成绩。

(四)田赛项目裁判方法

1. 跳高

(1)离比赛3~5 min时,停止练习,丈量好第一个高度(丈量时使用精制木尺,从地面垂直量到横杆上沿的最低处,以1cm为单位)。

(2)当裁判员宣布比赛开始时,记录员应立即宣布第1名试跳的运动员,并让下一名运动员做好准备。依此类推,直至运动员在新的高度上,都无试跳资格时,比赛方可结束。试跳成功举白旗,失败举红旗,记录员的记录符号为:试跳成功"○",试跳失败"×",免跳"—"。

(3)运动员应按抽签排定的顺序参加比赛,且必须用单脚起跳。运动员可在裁判长事先宣布的横杆升高过程中的任何一个高度上开始起跳。也可在以后任何一个高度上根据自己的意愿决定是否试跳。但不管在任何高度上,只要连续3次试跳失败,即失去继续比赛资格。

(4)允许运动员在某一高度上第1次或第2次试跳失败后,在第2次或第3次试跳时请求免跳。例如,在1.60m高度上,某运动员第一次试跳失败后请求免跳,则在下一高度上还有2次试跳机会。在某一高度上请求"免跳"后,则不准再在该高度上恢复试跳。除非出现第一名成绩相等的情况。

(5)运动员在试跳中因故受阻,可给予其补试。但如有下列情况之一者,则判为试跳失败:试跳后,由于运动员试跳动作致使横杆未能留在横杆托上,或在越过横杆之前,身体任何部分触及立柱之间、横杆延长线垂直面以外的地面或落地区。运动员在试跳时脚触及落地区(沙坑),而裁判员认为其并未从中获得利益,则不应判为试跳失败。

(6)跳高比赛是以运动员最好的一次试跳成绩,包括第一名成绩相等名次的试跳成绩排定名次。在排列名次时出现成绩相等的情况按下列办法排列:

1)在出现成绩相等的高度中,试跳次数较少者名次列前。

2)若成绩仍相等,在包括最后跳过的高度在内的全赛中,试跳失败次数较少者名次列前。

3)若成绩仍相等,涉及第一名时,则令成绩相等的运动员在其造成成绩相等的失败高度中的最低高度上,每人再试跳一次。若仍不能判定,则横杆应提升或降低:跳高为2cm,撑竿跳高为5cm。运动员应在每个高度上试跳一次,直到决出名次为止。决定名次的试跳,有关运动员必须参加。

2. 跳远

(1)赛前3min练习停止,全体裁判员做正式比赛的准备。

(2)比赛开始时,裁判员应使全体人员就位,并宣布"比赛开始",示旗裁判员站在起跳板前,记录员宣布第1次试跳运动员的号码安排其试跳,并让下一名试跳运动员做好准备。

(3)当运动员试跳时,在起跳板旁边的主裁判员要向前迈出一步打出试跳成功(白旗)或失败(红旗)的旗示。如运动员在起跳时犯规,以旗示表示,不予丈量;如起跳没有犯规,则用目光与落点裁判员联系,然后打出试跳成功的旗示。运动员试跳成功应立即丈量。丈量成绩应从运动员身体任何部分着地的最近点至起跳线或起跳线的延长线成直角丈量。以1cm为单位,不足1cm不计。

(4)比赛结束后,整理好记录单,判定出名次,由裁判组长审定。

(5)跳远比赛中,以所有运动员都试跳一次为一轮。运动员超过8名,每人可试跳3次,有效试跳成绩最好的前8名运动员可再试跳3次。若第8名出现成绩相等,则成绩相等的运动员均可再试跳3次。运动员只有8名或不足8名时,每人均可试跳6次;允许兼项运动员请假,回来后已错过的试跳顺序一律不补。

(6)比赛中,若有下列情况之一,则判为试跳失败:不论在未作起跳的助跑中或在跳跃动作中,运动员以身体任何部分触及了起跳线以外的地面;由起跳线或起跳线两端延长线踏过或跑过,或在延长线后面起跳;在落地过程中触及落地区以外地面,而区外的触点较区内触点离起跳线近;完成试跳后,向后走出落地区;采用任何空翻姿势;无故延误试跳时间。

(7)比赛开始前,平整沙坑,整理好场地。带运动员入场后,裁判员向运动员讲解规则,简述注意事项,并宣布试跳顺序,运动员进行1~2轮赛前试跳。

(8)跳远比赛名次取每名运动员最好的一次试跳成绩,成绩优者名次列前。如成绩相等时,应以其次优成绩判定名次。如次优成绩仍相等,以第三较优成绩判定,依此类推。如仍相等,并涉及第一名者,令成绩相等的运动员按原比赛顺序进行新的一轮试跳,直到决出名次为止。

3. 推铅球

(1)运动员应按抽签排定的顺序参加比赛,运动员超过8名,每名可试掷3次,有效成绩最好的前8名运动员可再掷3次。当比赛人数只有8名或少于8名时,每人均可试掷6次。若第8名成绩相等,则成绩相等的运动员也应允许再试掷3次。铅球应从直径2.135 m的投掷圈内推出。前半圈弧线当中应安装抵趾板。运动员必须从静止姿势开始试掷。

(2)推铅球时,应将铅球抵住或靠近下颌,用单手从肩上推出,不得将铅球移至肩下或肩后抛掷。运动员可触及投掷圈或抵趾板内侧,但投掷时,身体的任何部分触及圈外地面,或以不符合规定的方式将铅球推出或踏在抵趾板或投掷圈上面,或器械脱手,均判作一次试掷失败。比赛中无故延误试掷时间,也以失败论处。运动员在铅球落地后,才能离开投掷圈。离圈时身体的第一落点必须落在投掷圈中延长线后面。因故错过试投顺序时,一律不补。运动员在比赛中,除敷盖伤口外,手上不得贴用胶布,不允许使用手套、绷带,不能在鞋底或投掷圈内喷洒任何物质。铅球必须完全落在落地区角度线内沿以内,试掷方为有效。

(3)丈量成绩时,须从铅球着地的最近点与圆心之间的直线量至投掷圈内沿。以1 cm为最小丈量单位,不足1 cm不计。

(4)每名运动员应以其最好的一次试掷成绩,包括第一名相等时,决名次的试掷成绩,作为最后的决定成绩。名次判定方法与跳远相同。

4. 投手榴弹或手雷

运动员的试掷顺序同推铅球,名次判定方法同跳远等相同。

(1)投弹比赛中,当参赛人员只有8名或不足8名时,每人均可试掷6次。当参赛人员超过8名时,每人先试掷3次,按成绩取前8名后再试掷3次,以决定名次。

(2)投弹必须是从肩上或投掷臂上方投出,不得抛甩。出手前后,身体任何部分不得触及投掷线和线以外地面。助跑中,手榴弹或手雷脱手,算试掷1次。

(3)手榴弹或手雷必须落在落地区两条边线内沿以内,否则为违例。投掷完毕,必须从投掷线后方走出。

(4)投手榴弹或手雷比赛的器材主要有560 kg训练手榴弹或手雷、皮尺、裁判旗、成绩记录夹、喊话筒等。投弹比赛的裁判法与跳远比赛大体相同,不同点是最小丈量单位为2 cm,不足2 cm不计。例如,实际丈量距离为76.69 m,则计为76.68 m。

(5)比赛中,裁判员应加强安全工作,防止出现事故。裁判员位置为示旗裁判员在投掷线一侧,记录员在示旗裁判员附近,两名外场裁判员分别站在投掷落地区的两边线附近。

二、篮球比赛的裁判方法

正式的篮球比赛有3人制裁判和2人制裁判,一般由主裁判或1~2名裁判员、记录员、计时员、24 s计时员等组成。根据各单位篮球比赛临场裁判工作实际,主要介绍2人制裁判方法。

(一)裁判员的临场组织程序

1. 赛前组织程序

(1)裁判员一般至少提前1 h到达比赛地点。

(2)裁判员会议。裁判员要彼此会晤,主要对特殊情况、相互合作和配合、3分试投、对比赛的感觉、有利或无利、点位和责任、无球区域、夹击和紧逼防守、同伴之间和记录台联系等问题进行讨论,统一思想、统一尺度。

(3)裁判员热身活动。裁判员换好服装后,应为比赛做些必要的身体拉伸和各种裁判专项移动、奔跑等练习,防止或减少受伤的风险,并做好充分的身体与心理准备,保持良好的裁判工作状态。

(4)进入比赛场地。裁判员至少在赛前20 min进入比赛场地,开始行使裁判员的权力。主裁判主要检查比赛用球、比赛场地与器材的标准,并站在记录台前监督队员热身练习。

2. 赛前组织仪式

(1)距比赛开始10 min时裁判员督促教练指明上场5名队员及场上队长。

(2)距比赛开始6 min时介绍运动员、教练员和裁判员。

(3)距比赛开始3 min时主裁判员鸣哨并做手势离比赛开始还有3 min,运动员还可以进一步热身。

(4)距比赛开始2 min时裁判员靠近记录台位置准备。

(5)距比赛开始1 min时主裁判员鸣哨并确定队员做好比赛准备后持球进入场内,明确双方队长后在中圈跳球比赛开始。

3. 比赛开始的工作

(1)主裁判员检查双方跳球队员位置正确后,进入中圈抛球。

(2)在球被合法拍击后移动到追踪裁判员的位置。

(3)副裁判员站在记录台前做开表手势后,跑到前导裁判员的位置。

(4)第1节由主裁判员在中圈执行跳球开始比赛;以后的每节比赛开始,主裁判员到记录台对面边线中点处由交替拥有球权的队掷球入界开始比赛。

4. 比赛中的工作

(1)裁判员始终观察场上的情况,监控所有的队员。

(2)鸣哨时,要与运动员建立目光联系,避免出现争议。

(3)互相配合,一个裁判员观察有球区域,另一个裁判员则观察远离球区域。

(4)寻找两队员之间的空间,当出现有身体接触的犯规时应立即鸣哨,然后跑向记录台

6～8 m处报告犯规。

5．全场比赛结束的工作

(1)当发出比赛结束的信号时,主裁判员鸣哨并做比赛结束的手势。

(2)两名裁判员走向记录台并与记录台人员握手致谢。

(3)记录员完成记录后,由计时员、24s计时员签字。

(4)记录员签字后将记录表送交主裁判员审核。

(5)审核后,先由副裁判员签字,再由主裁判员签字,结束裁判员与比赛的联系。

(6)2名裁判员一起离开场地。

(7)记录台工作人员整理竞赛用品后统一离开场地。

(二)裁判员的哨音与手势

裁判员的哨音、手势是裁判的"语言",必须规范、准确、熟练地运用。裁判员在比赛中自始至终都是以鸣哨、手势进行工作。裁判员对比赛中的各种违背规则的行为做出判定后,应立即鸣哨终止比赛,然后用裁判手势表示判定的结果。

1．裁判员的哨音

比赛中通常是鸣一声干脆的哨音,鸣哨要及时、果断、坚决、洪亮等,应减少不必要的哨音,尽量避免裁判员之间重复鸣哨,也不得刺激运动员。

2．裁判员的手势

裁判员必须使用国际篮联正式手势,手势运用准确、大方,并有短时间的展示,交代清楚,让所有的观众、运动员、裁判员(记录员、计时员)知道比赛中出现什么情况。

3．手势与宣判的程序

(1)违例的宣判:鸣哨的同时做停表手势—指出违例类型—指出比赛方向。

(2)犯规的宣判:在犯规罚球或不罚球时,鸣哨的同时做停表手势—手指向罚球线—跑至距记录台6～8 m处,报告犯规队员号码、犯规类型—指出罚球次数或比赛方向。

在犯规投篮成功或不成功时,鸣哨的同时做停表手势—指出投篮得分或投篮得分无效—跑至距记录台6～8 m处,做投篮得分有效或无效手势—报告犯规队员号码、犯规类型—指出罚球次数或指出比赛方向。

(三)裁判员的职责与权力

1．裁判员

(1)裁判员距开赛20 min进入比赛场地后其权力即生效。

(2)裁判员有权对场上任何违背规则的行为进行判罚,并有权对场下队伍的成员进行管理和处罚。

(3)当发生违例和犯规时,裁判员应在鸣哨的同时做相应的停表手势,使比赛进入死球状态。

(4)罚球、投篮球成功后或球成活球时,裁判不鸣哨。

(5)比赛中每发生一次犯规时,裁判员应交换裁判位置。

2. 主裁判员

(1)检查和批准比赛所有器材与设备,并确认记录台人员。

(2)不允许队员佩戴可能造成伤害的物品。

(3)在中圈执行跳球开始比赛,随时核对比分。

(4)如比赛中某队拒绝或阻碍比赛,有权判该队弃权。

(5)必要时或裁判员判定不一致时,有权做出最终的判定,对规则中未涉及的问题,做出最终的决定等。

3. 记录员

(1)应使用正式的记录表,登记相关队员姓名和号码、比赛时间和队名、注明先上场5名队员和队长的号码,如发现问题应立即通知裁判员。

(2)记录累计得分、投篮和罚球得分,以及暂停和换人情况。

(3)记录各种犯规,当队员出现犯规时应举牌,当某队每节达到5次犯规时应立即通知裁判员等。

4. 计时员

(1)掌握比赛计时钟和秒表,掌握节与节之间休息时间(2 min)、暂停时间(1 min)。

(2)跳球时,球被队员合法拍击;罚球未成功时,球成为活球,触及场上队员;掷界外球时,球触及场上队员;等等,应启动比赛计时钟。

(3)当每节比赛时间结束时;当球是活球时,裁判鸣哨、24 s违例、请求暂停、对方得分等,应停止比赛计时钟。

5. 24 s计时员

(1)某队在场上获得一次控制活球应启动24 s计时钟。

(2)如果球出界应停止24 s计时钟,当球成活球时继续运行。

(3)当投篮成功、球触篮圈、某队先控制活球后被对方控制活球等,重新启动24 s计时钟。

(四)裁判员的分工与配合

1. 划分半场区域

将半场区域划分成6个长方形区域(见图3-2-1)。

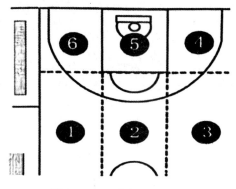

图3-2-1 半场区域划分

2. 区域配合

前导裁判员主要管辖④、⑤、⑥区（见图3-2-2阴影区）。当球在黑阴影区域内时，负责观察球和靠近球区域队员的动作；当球在浅色区域，观察远离球区域的比赛情况。此外，当球在③区的边线出界时，追踪裁判要及时给予协助。前导裁判员负责观察端线和其左边的边线。

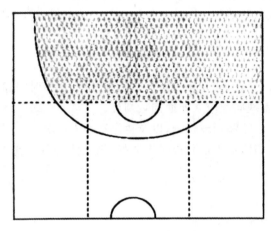

图3-2-2 前导裁判员管辖区

追踪裁判员主要负责①、②、③、⑤、⑥区（见图3-2-3阴影区）。当球在阴影区域时，负责观察球和靠近球区域队员的动作；当球在黑阴影区域时，指明和前导裁判共同负责的区域。其选位于球后面左侧大约3 m处，保持移动。右边不必越过两篮之间的中心线，向前不必跨过罚球线。追踪裁判负责观察他左边的边线和中线。

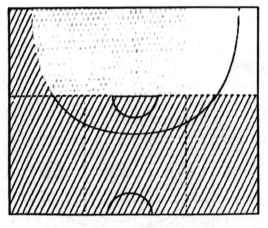

图3-2-3 追踪裁判员管辖区

3. 位置转换

在比赛中位于进攻队并从该位置上观察比赛的裁判员称前导裁判员，位于进攻队后面并从该位置上观察比赛的裁判员称追踪裁判员。比赛中每一次犯规后2名裁判应转换（交换）位置。

前导裁判员宣判了进攻队员犯规,向记录台报告犯规后,即成为新的追踪裁判员,原追踪裁判员成为在对面端线的新的前导裁判员。

追踪裁判员宣判了防守队员犯规,向记录台报告犯规后,继续作为追踪裁判,并且前导裁判继续在端线作为前导裁判。

4. 罚球的分工

(1)前导裁判员换位后成为追踪裁判员负责执行多次罚球的第1次罚球工作。
(2)注意双方队员在罚球区的站位。
(3)到限制区内交代罚球次数。
(4)接同伴传来的反弹球并用右手将球递交给发球队员。
(5)向后退并移至罚球队员后的3分线外,负责观察发球队员和对侧站位队员。
(6)前导裁判员站在端线左侧限制区线外的位置,负责观察对侧站位队员。

5. 违例的处罚

(1)在比赛中出现带球走,非法运球,球出界外,3 s、24 s等违例时,一般应由追踪裁判员将球给对方在最靠近违例的地点掷界外球,违例如果在篮板后面,可避开篮板掷界外球。
(2)罚球违例时,追踪裁判员一般在罚球延长线记录台对面,将球给对方掷界外球;3 s违例时,进攻队员在后场端线发球;球回后场和8 s违例时,追踪裁判员一般在记录台的对面,进攻队员前场靠近中线的位置,将球给对方掷界外球。

6. 侵人犯规的处罚

(1)在比赛中出现阻挡、撞人、拉人、非法用手等侵人犯规时,应记1次侵人犯规。
(2)没有做投篮动作队员的犯规,其就近掷界外球,比赛重新开始。
(3)犯规队每节累计犯规已达6次时,应进行2次罚球。
(4)有做投篮动作队员的犯规,且其投篮成功时,应加罚1次罚球,如果没有投篮成功,应给予2次或3次罚球。

7. 技术犯规的处罚

如果投篮投中,得2分,同时加罚1次,并在中场的中线上掷界外球。

如果没有投中,也是加罚1次,并在中场的中线上掷界外球。

第四章　特种体育基础体能训练

　　基础体能训练是特种体育训练的重要组成部分,目的在于为有效提高岗位专项体能和相关技能打下良好的身体基础。基础体能训练主要包括力量、速度、耐力、灵敏和柔韧等基本的身体素质训练和组合训练。本章主要就基础体能必训课目的训练目的、要求、条件、动作要领、训练方法、常见错误与纠正方法,以及训练注意事项和考核测试等进行阐述。

第一节　单杠引体向上

　　目的:增强上肢屈肌和肩背肌群力量,提高克服自身体重的能力。
　　要求:了解单杠引体向上的训练作用,掌握正确的动作要领。

一、训练条件

　　制式单杠(高 2～2.4 m)、松软沙地或体操垫、镁粉。

二、队形与口令

(一)准备队形

　　练习时以横队位于器械一侧或两侧,听到"成体操队形站立姿势"的口令后,左脚向左跨一步,背手(左手握右手手腕)成跨立姿势,上体保持正直。听到"第一名出列"的口令后,第一名受训者以齐步走向准备位置,成跨立姿势。听到"上器械"的口令,直向器械开始体操训练。此时第二名即出列走向准备位置。第一名操练完毕后,面向组训者站好,听候纠正;再听到"上器械"的口令,第二名开始训练,第一名取捷径走回队列原来位置。依此类推进行训练。(木马训练采用流水作业的方法时,口令下达为"距离×步,前进")

(二)换项口令

　　调换训练课目时,先下达"停止训练"的口令,指定下一训练课目后,再下达"各组带开"的口令,各组以跑步带至下一器械,按要求站好,组训者指挥训练。

三、动作要领

　　准备姿势:受训者位于器械正下方,两脚屈膝并拢,前脚掌着地,两手向后侧张开,手掌心向后(见图 4-1-1);上杠时,双手正握杠,间距比肩稍宽,呈直臂悬垂姿势[见图 4-1-2(a)]。

动作练习:双臂协同向上用力,屈臂引体至下颌超过杠面[见图 4-1-2(b)],然后伸肘身体回落至两臂自然伸直,还原成准备姿势。重复练习,完成练习后,跳下成立正姿势。

(a) (b)

图 4-1-1 预备姿势　　　　　图 4-1-2 单杠引体向上

四、训练方法

(一)帮助练习

在完成动作过程中帮助者站于受训者身后,双手托受训者腰部或抓握两踝关节,向上助力帮助受训者完成动作(见图 4-1-3、图 4-1-4)。

图 4-1-3 托腰辅助练习　　　　　图 4-1-4 抓踝辅助练习

(二)抗阻练习

利用杠铃、哑铃、弹力带或受训者穿沙衣、背包或脚挂重物等形式进行抗阻练习。如杠铃练习,受训者两脚开立,双手反握杠铃(杠铃重量约为 15~20 kg,也可用其他重物代替),约与肩同宽,两臂自然伸直,杠铃静置大腿前侧,上体保持正直,以肘关节为轴做两臂全屈臂动作,使杠铃位于锁骨部位,再放松伸臂至大腿前。依次重复。每组引体向上练习后,可立即进行此练习,能有效提高对上臂屈肌群的刺激深度。

(三)静力性练习

(1)直臂悬垂练习。受训者在引体向上准备姿势基础上做静止悬垂动作练习。

(2)屈臂悬垂练习。受训者在手臂弯曲不同角度的情况下进行静止悬垂动作练习,也可增加负重的练习。

五、常见错误与纠正方法

仰头挺胸,造成上体后仰,上拉困难。

纠正方法:拉杠引体时,含胸微屈髋,快速拉杠。

六、保护与帮助

在完成动作过程中帮助者站于受训者身后,当受训者屈臂拉杠力量不足时,可双手托其腰部或扶腿,向上助力帮助受训者完成动作。

七、训练注意事项

(1)认真检查场地器材,并做好充分的准备活动。

(2)在进行抓踝辅助练习中,当受训者接近力竭时,帮助者做好随时放下受训者踝关节的准备,并做好保护,以防其摔倒。

(3)在进行引体向上练习时,防止受训者借助摆动力量向上引体。

八、考核测试

(一)保障条件

制式单杠、松软沙地或体操垫、镁粉、记录台。

(二)考核规则

(1)受考者按动作要领所做的引体向上次数为其考核成绩。

(2)当出现下列犯规动作之一时,该次动作不计数:引体时下颌低于单杠杠面,下落时双肘关节未伸直,引体时摆动身体。

(3)当出现下列犯规动作之一时,结束考核,只记录此前考核成绩:脚触及地面或单杠立柱,下颌挂于杠面休息。

(三)考核方法

(1)每个考点设考核员1名,负责检查受考者的动作是否符合要求,考核中需清晰报出受考者所完成的正确动作次数,登记成绩。

(2)考核员下达"开始"信号后受考者开始做动作。

第二节 单杠屈臂悬垂

目的:增强上肢屈肌和肩背肌群力量,提高克服自身体重的能力。

要求:了解单杠屈臂悬垂的训练作用,掌握正确的动作要领。

一、训练条件

制式单杠、松软沙地或体操垫,单杠杠面高度降至1.3~1.5 m。

二、队形与口令

见本章第一节单杠引体向上。

三、动作要领

准备姿势:受训者面对低单杠站立,双手反握杠,间距与肩同宽或稍宽,双膝稍弯曲[见图4-2-1(a)]。

动作练习:两脚适当用力蹬地跳起,双手同时做屈臂向上引体动作。在下颌超过杠面后,保持下颌超过杠面的静力性屈臂悬垂动作,双肘贴紧两肋,收紧腰腹,两腿并拢伸直[见图4-2-1(b)]。完成练习后,跳下成立正姿势。

四、训练方法

(一)哑铃(小杠铃)胸前屈臂练习

受训者两脚开立与肩同宽,双手抓握哑铃(小杠铃),双臂自然垂直于体前。以肘关节为轴做前臂向上屈臂动作,臂折叠后还原至准备姿势(见图4-2-2)。重复练习。

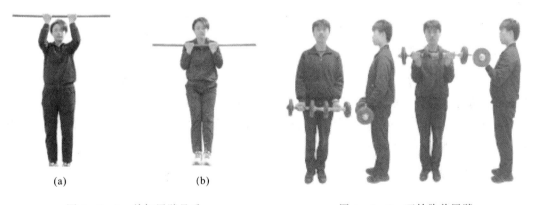

(a)　　　　　(b)

图4-2-1　单杠屈臂悬垂　　　　图4-2-2　哑铃胸前屈臂

(二)斜身引体向上练习

受训者站在双杠侧面,双手正握杠面,两脚向前移动成直臂斜身悬垂动作。在保持斜身平板动作的基础上,双手拉杠做斜身引体动作,下颌贴近杠面后还原成准备姿势。重复练习。

(三)俯卧平板支撑练习

受训者双手或前臂支撑于地面,双脚前脚掌着地,双膝伸直与身体成平板静力性支撑动作,根据自身能力将该动作保持一定时间。

(四)弹性管助力练习

选择适当的弹性管悬挂于单杠杠面,双脚踩在弹性管下端,借助弹性管的收缩力,完成屈臂悬垂动作(见图4-2-3)。

(五)帮助练习

帮助者站在受训者身后,双手抓握受训者髋部,当受训者出现身体向下沉时,给予适当向上的助力(见图4-2-4)。

图4-2-3　弹性管助力练习　　　　　图4-2-4　帮助练习

五、保护与帮助

帮助者站在受训者的身后,当受训者屈臂力量不足时,用手托其髋部向上助力。

六、训练注意事项

(1)把握训练步骤。首先进行基本能力提高训练,着重发展上肢和腰腹的核心力量。其次在帮助下体会动作感受,掌握正确的动作要领。再次独立完成动作练习。

(2)把握训练安全。每次训练前应检查场地器材是否符合要求,做好准备活动,对于体能较差者应加强保护与帮助。

七、考核测试

(一)保障条件

制式低单杠,杠面距地面高度为1.3~1.5 m,单杠下方为松软平整的沙地或放置体操垫子,秒表、记录台。

(二)考核规则

(1)受考者按动作要领所完成的屈臂悬垂时间为其考核成绩。

(2)当出现下列犯规动作时,结束考核,只记录此前的考核成绩:下颌低于杠面,下颌挂于杠面,脚触及地面或单杠立柱。

(三)考核方法

(1)每个考点设1名考核员,负责检查受考者动作是否符合要求。当受考者出现下颌超过杠面的屈臂悬垂动作时开启秒表,到其跳下或动作不符合规则规定时停止秒表,登记成绩。考核中考核员应每 10 s 报时 1 次。

(2)考核员下达"开始"信号后受考者开始做屈臂悬垂动作。

第三节　单杠卷身上

目的:增强上肢屈肌、腰腹部肌群力量,提高身体协调能力。

要求:了解单杠卷身上的训练作用,掌握正确的动作要领。

一、训练条件

制式单杠(高 2～2.4 m)、松软沙地或体操垫、镁粉。

二、队形与口令

见本章第一节单杠引体向上。

三、动作要领

准备姿势:受训者位于器械正下方,两脚屈膝并拢,前脚掌着地,两手向后侧张开,手掌心向后;上杠时,双手正握杠,间距比肩稍宽,两臂自然伸直[见图 4-3-1(a)]。

动作练习:①卷身上。屈臂向上引体,同时含胸、收腹、屈髋上举大腿,上体后倒[见图 4-3-1(b)]。在屈臂引体时,腿向后上方伸出过杠,使腹部贴杠,身体绕单杠转动成杠上直臂正撑动作[见图 4-3-1(c)]。②下落悬垂。身体后倒,两臂用力缓慢下放伸直,还原成准备姿势。重复练习,完成练习后,跳下成立正姿势。

(a)　　　　　　　　(b)　　　　　　　　(c)

图 4-3-1　单杠卷身上

四、训练方法

(一)帮助练习

帮助者在受训者一侧,一手托受训者臀部,另一手推其肩部,帮助其完成动作。

(二)仰卧两头起

受训者仰卧,两臂上举。练习时,收腹举腿,同时上体前屈,两手碰触脚背部位(见图4-3-2)。

(三)单杠悬垂收腹举腿

双手握住单杠或肋木,身体呈悬垂姿势。练习时,两腿伸直上举,上举幅度根据腹部肌肉力量而定。力量较好者双脚举至单杠杠面,力量较差者可减小幅度,或屈膝完成(见图4-3-3)。

图4-3-2 仰卧两头起

图4-3-3 悬垂举腿

(四)负重练习

腹部力量较强者可在踝关节或小腿部位负重后进行练习,重量逐渐增加。

五、常见错误与纠正方法

(1)过早抬头挺胸,造成收腹举腿困难。纠正方法:强调抬头挺胸的时机。

(2)上体后倒时,臂放松,身体下沉。纠正方法:握低杠站立,一脚蹬地,一腿向上摆起,腹部贴杠,在助力下体会动作。

六、保护与帮助

帮助者站在杠下一侧,当受训者卷身上动作力量不足时,手托其臀部或推肩向上助力完成。

七、训练注意事项

(1)训前认真检查器械,安排好保护人员;可使用镁粉以防脱手。

(2)充分做好肩颈、胸、腰部准备活动,以预防拉伤。

(3)若有腰疾,应避免参加相关练习。

八、考核测试

(一)保障条件

制式单杠、松软沙地或体操垫、镁粉、记录台。

(二)考核规则

(1)受考者按动作要领所完成的卷身上次数为其考核成绩。

(2)当出现下列犯规动作时,该次动作不计数:未经过直臂悬垂动作。

(3)当出现下列犯规动作之一时,结束考核,只记录此前考核成绩:完成卷身上动作后身体在杠上停留超过 3 s,脚触及地面或单杠立柱。

(三)考核方法

(1)每个考点设考核员 1 名,负责检查受考者动作是否符合要求,考核中清晰报出受考者完成的正确动作次数,登记成绩。

(2)考核员下达"开始"信号后受考者开始做动作。

第四节 双杠臂屈伸

目的:增强上肢伸肌和肩部肌群力量,提高克服自身体重的能力。

要求:了解双杠臂屈伸的训练作用,掌握正确的动作要领。

一、训练条件

制式双杠(高 1.15～1.55 m,宽 0.42～0.50 m)、松软沙地或体操垫、镁粉。

二、队形与口令

见本章第一节单杠引体向上。

三、动作要领

准备姿势:受训者面向杠端站立,双杠宽度约大于肩宽 10 cm,两手握于杠端,跳起成杠上直臂支撑动作。

动作练习:臂屈伸。双肘关节同时弯曲和稍外展,屈臂至肩关节低于肘关节;做伸臂动作时,保持身体挺直,双肘关节同时做伸直动作,撑起身体(见图 4-4-1)。重复练习,完成练习后跳下成立正姿势。

(a)　　　　　　　　(b)　　　　　　　　(c)　　　　　　　　(d)

图 4-4-1 双杠臂屈伸

四、训练方法

(一)帮助练习

帮助者站于受训者身后,双手托受训者腰部或抓住两踝关节,向上助力帮助其完成动作(见图 4-4-2、见图 4-4-3)。

图 4-4-2 托腰辅助　　　　图 4-4-3 抓踝辅助

(二)杠上支撑移动

受训者双手握于双杠杠面,两手交替向前移动,身体保持垂直姿势,也可用杠铃片负重,重量为 15~20 kg,或用其他重物代替。

(三)杠上手脚支撑练习

在正撑双杠的基础上,两脚分别踏在杠面上,成屈腿仰撑姿势,做臂屈伸(见图 4-4-4)。

图 4-4-4 杠上手脚支撑练习

(四)负重臂屈伸

受训者穿沙衣或脚挂重物后进行练习。

(五)静力性练习

(1)直臂正撑练习。受训者在臂屈伸准备姿势的基础上进行静力支撑练习。

(2)屈臂撑练习。受训者在肘关节弯曲不同角度的情况下进行静力支撑练习,也可负重练习。

五、常见错误与纠正方法

(1)向上撑杠时挺腹,造成身体重心前移,支撑困难。纠正方法:向上撑杠时,含胸微屈髋,快速撑起。

(2)做臂屈伸时前后摆动借助外力完成。纠正方法:将一个标志物放在受训者脚后。

六、保护与帮助

帮助者站在受训者身后,双手抓握受训者髋部,当受训者伸臂支撑力量不足时,可扶髋向上助力。

七、训练注意事项

(1)认真检查场地器械,充分做好准备活动。
(2)做屈臂动作时,肘关节低于肩关节,做伸臂动作时,肘关节伸直。
(3)当受训者力竭时,帮助者做好保护,以防受伤。

八、考核测试

(一)保障条件

制式双杠、松软沙地或体操垫、镁粉、记录台。

(二)考核规则

(1)受考者按动作要领所完成的双杠臂屈伸次数为其考核成绩。
(2)当出现下列犯规动作之一时,该次动作不记录:屈臂时双肩关节高于肘关节,伸臂时双肘关节未伸直。
(3)当脚触及地面或双杠立柱时,结束考核,只记录此前考核成绩。

(三)考核方法

(1)每个考点设考核员1名,负责检查受考者动作是否符合要求,清晰报出受考者完成的正确动作次数,登记成绩。
(2)考核员下达"开始"信号后受考者开始做动作。

第五节 卧推举

目的:增强上肢肌群力量,提高抗过负荷能力。
要求:了解卧推举的训练作用,掌握正确的动作要领。

一、训练条件

卧推架、40 kg杠铃。

二、动作要领

准备姿势:仰卧握杠铃。受训者在卧推架上仰卧,两腿弯曲,脚平放地面或卧推架仰卧平面,双手间距与肩同宽或略宽于肩,直臂抓握杠铃杆。

动作练习:杠铃推举。屈臂时,吸气,下降杠铃杆至接近胸部位置;伸臂时,呼气,双臂推起杠铃至双肘关节伸直;练习时,头和髋部不能离开卧推架仰卧平面(见图4-5-1)。重复练习。

(a)

(b)

图 4-5-1 卧推举

三、训练方法

(1)极限重量训练法。做动作时,采用最大重量进行训练。
(2)小重量力竭训练法。做动作时,采用小重量多次进行训练。

四、常见错误与纠正方法

训练时腰部向上弓起离开卧推架,双手用力不均匀导致杠铃倾斜。

纠正方法:手腕要一直保持紧张、后翻;为防止腰部肌肉损伤,受训者臀部要始终贴在卧推架仰卧平面上;双手用力不均时有力手容易出现提前发力现象,练习中要保持好左右手力量平衡。

五、保护与帮助

帮助者分别站于杠铃两侧,双手扶住杠铃两侧末端,帮助受训者完成动作,在受训者完成动作后帮助受训者将杠铃放回原来位置。

六、训练注意事项

(1)不可把臀部和腰抬离卧推架仰卧平面。
(2)注意不同握距刺激肌肉的重点不同:比肩略窄锻炼中部胸肌和肱三头肌,与肩同宽锻炼整个胸肌,比肩稍宽锻炼胸肌外侧,再宽侧重锻炼三角肌后束。
(3)头部平放卧推架仰卧平面上,不要抬起。
(4)训练时避免过分向后翻腕。
(5)训练时杠铃下落时,肘部不要外展。
(6)下落时将杠铃下放至接近胸部位置。
(7)重量不宜过大,要循序渐进,量力而行。

(8)做好充分的准备活动和拉伸练习。

七、考核测试

(一)保障条件

卧推架、40 kg 杠铃、记录台。

(二)考核规则

(1)按照规定的动作要领完成动作方能计数,伸臂时双肘关节未伸直,不记录该次数。
(2)在规定的时间内完成相应次数为最终成绩。

(三)测试方法

(1)每个考点设考核员 1 名,负责下达"开始"口令,同时开表,记录受考者所完成的动作次数,检查受考者的动作是否符合要求,考核中清晰报出受考者所完成的正确动作次数,登记成绩。
(2)考核员下达"开始"信号后受考者开始做动作。

第六节 俯 卧 撑

目的:增强上肢、肩部、胸部肌群力量,提高推撑能力。
要求:了解俯卧撑的训练作用,掌握正确的动作要领。

一、训练条件

平整场地。

二、动作要领

准备姿势:受训者俯撑,双手手掌着地,手指向前,两手间距比肩稍宽,两臂伸直,两脚并拢,身体挺直呈斜直线。
动作练习:身体下降时,保持身体挺直,两肘关节弯曲和外展,大臂与躯干夹角约为 45°,肩部低于肘关节水平面;身体撑起时,保持身体挺直,两肘关节伸直,撑起身体。重复练习。

三、训练方法

(一)标准式

按正确的动作要领,两手掌与肩同宽或比肩稍宽支撑,头部、背部、腰部和臀部呈一条斜直线,做手臂的屈伸运动(见图 4-6-1)。

(二)窄撑式

基本动作与标准式俯卧撑相同,只是双手间距较窄,头部、背部、腰部和臀部呈一条斜直线,做手臂的屈伸运动(见图 4-6-2)。

图 4-6-1　标准式俯卧撑　　　　图 4-6-2　窄撑式俯卧撑

(三) 膝撑式

在标准的俯卧撑准备姿势基础上,双腿膝关节着地支撑,头部、背部、腰部和臀部呈一条斜直线,练习时要注意膝关节的角度保持不变(见图 4-6-3)。

(a)　　　　　　　　　　　　　　(b)

图 4-6-3　膝撑式俯卧撑

受训者进行标准俯卧撑训练后,力竭,可换成膝撑式俯卧撑进行练习,直到完成训练量。这种方法可最大限度提高上肢支撑力量。

(四) 单腿式

在标准的俯卧撑准备姿势基础上,一腿向上抬起做俯卧撑(见图 4-6-4)。此方法可以增大练习的难度,并能有效提高受训者的腰背部肌群力量。

(五) 单臂式

受训者先以标准的俯卧撑姿势开始,然后身体重心过渡到一侧,一手放置于后腰部,呈单手支撑状练习(见图 4-6-5)。此练习强度很大,建议训练初期,受训者可先采用降低难度的方法,如加高手支撑的高度。

　　　　　　　　　　　(a)　　　　　　　　　　　　　(b)

图 4-6-4　单腿式　　　　　　图 4-6-5　单臂式

(六) 手指式

基本动作与标准式相同,以十指为支撑点。随着力量增加,着地的手指数可以依次递减。该方式主要练习指力,增强手的握力、抓力、合力。开始练习时,可通过加高手支撑位置,降低难度。

(七)其他练习手段

(1)把脚抬高的俯卧撑练习。

(2)穿负重服的俯卧撑练习(见图4-6-6)。

图4-6-6 负重练习

四、常见错误与纠正方法

(1)塌腰。纠正方法:练习时,帮助者在受训者身边用一只手托住其腹部辅助用力,让受训者体会正确动作时的用力感觉;加强腹肌力量练习,如仰卧起坐、仰卧两头起等练习。

(2)翘臀。纠正方法:施训者反复示范动作,明确正确的动作要领;受训者保持正确的躯干姿势数秒至数十秒,体会正确动作时的用力感觉。

五、训练注意事项

(1)充分做好准备活动。

(2)注意动作质量。动作过程中,应保持上体正直,膝盖不能弯曲。下降阶段时,颈、肩、髋、膝、踝关节应在同一平面。

(3)防止受伤。在肩部、手臂有伤疾时,不能进行俯卧撑训练。

六、考核测试

(一)保障条件

平整场地、秒表、记录台。

(二)考核规则

(1)受考者按动作要领在2 min内所完成的俯卧撑次数为其考核成绩。

(2)当出现下列犯规动作之一时,该次动作不记录:屈臂时肩关节高于肘关节,伸臂时双肘关节未伸直,做动作时身体未保持平直。

(3)当出现下列犯规动作之一时,结束考核,只记录此前的考核成绩:除手脚外身体其他部位触及地面,测试时间已达2 min。

(三)考核方法

(1)每个考点设考核员1名,负责检查受考者的动作是否符合要求,考核中清晰地报出完成的正确动作次数,发出"开始"信号同时开表,2 min结束时发出"停"的信号同时停表,登记成绩。

(2)考核员下达"开始"信号后受考者开始做动作。

第七节 立卧撑

目的:增强上肢、腰腹和下肢肌群力量,提高身体支撑与协调能力。

要求:了解立卧撑训练作用,掌握立卧撑动作要领。

一、训练条件

平整场地。

二、动作要领

准备姿势:受训者身体垂直站立,两脚分开与肩同宽,两臂自然下垂(见图4-7-1)。

图4-7-1 准备姿势

动作练习:①下蹲展体。屈膝深蹲,身体重心前移,双手手掌在两脚前侧撑地,手指向前,两手间距比肩稍宽,两臂伸直[见图4-7-2(a)];两腿向后伸展,两脚并拢,前脚掌着地,身体伸直成平面支撑姿势[见图4-7-2(b)(c)]。②俯卧撑。③团身起立。双手撑地,重心稍前移,两腿上摆前屈,收腹,双脚跳回初始位置[见图4-7-2(d)],起立成准备姿势[见图4-7-2(e)]。重复练习。

图4-7-2 立卧撑

(d)   (e)

续图 4-7-2　立卧撑

三、练习方法

(一)辅助动作练习

1. 俯桥练习

受训者做俯桥支撑（双肘和双脚撑地），身体姿态保持背部平直，腹部和臀部收紧，身体（肩部、背部、髋部和腿部）呈一条直线，前臂与地面紧贴，肘关节成 90°夹角，两腿伸直，两脚略分开撑地，保持一定时间。

2. 俯卧撑练习

训练方法见本章第六节。

3. 波比操练习

受训者直立，下蹲时，双手手掌撑地，双腿向后伸开，身体成平面支撑姿势，保持核心收紧；起立时，双手撑地，两腿前屈，双脚跳回初始位置后起立。重复动作。此练习可以通过负重背心、哑铃增加负重。

(二)完整动作练习

按照动作要领和考核标准，完成完整动作练习。

四、常见错误与纠正方法

(1) 团身起立时收腿不到位。纠正方法：练习时，强调收腹、屈腿用力一致，两脚前收靠近双手手掌。

(2) 起立时身体未保持直立姿势。纠正方法：起立时，强调膝关节与髋关节伸直，上体保持正直。

(3) 俯卧撑身体下降时肩部高于肘部。纠正方法：练习时，强调头部保持正直，双眼注视前方；加强臂部屈伸力量训练。

(4) 平面支撑姿势时塌腰。纠正方法：练习时，强调身体背部、髋部与肩部呈一条直线；通过平面支撑和俯桥训练强化身体本体感觉功能；加强腹肌与髋部屈肌力量训练。

(5) 平面支撑姿势时翘臀。纠正方法：练习时，强调身体背部、髋部与肩部呈一条直线；通过平面支撑和俯桥训练强化身体本体感觉功能；加强腹肌与髋部屈肌力量训练。

五、训练注意事项

(1)充分做好身体准备活动。
(2)训练中应保证动作的完成质量,完整动作过程应保持核心收紧。
(3)训练应循序渐进,避免运动损伤的发生。

六、考核测试

(一)保障条件

平整场地、秒表、记录台。

(二)考核规则

(1)受考者按动作要领在 2 min(女子 1 min)内所完成的立卧撑次数为其考核成绩。
(2)当出现下列犯规动作之一时,该次动作不记录:屈膝深蹲时,腿没有完全蹲下;团身收腿时,两脚未回到初始位置;俯卧撑动作过程中身体未保持平直、屈臂时肩关节高于肘关节、撑起时双臂未伸直;起立时身体未呈直立姿势。
(3)当出现下列犯规动作之一时,结束考核,只记录此前的考核成绩:俯卧撑时除手脚外身体其他部位触及地面,测试时间已达 2 min。

(三)考核方法

(1)每个考点设考核员 1 名,负责检查受考者的动作是否符合要求,考核中清晰地报出完成正确动作次数,发出"开始"信号同时开表,2 min(女子 1 min)结束时发出"停"的信号同时停表,登记成绩。
(2)考核员下达"开始"信号后受考者开始做动作。

第八节 仰卧起坐

目的:增强腰腹、背部的肌群力量,提高身体协调能力。
要求:了解仰卧起坐的训练作用,掌握正确的动作要领。

一、训练条件

平整场地、体操垫。

二、动作要领

准备姿势:受训者坐体操垫上,两腿并拢,双膝关节弯曲约 90°,双脚踝关节固定,双臂交叉抱于胸前,双手扶肩[见图 4-8-1(a)]。
动作练习:①上体后仰。上体向后仰至双肩胛骨触及垫子。②上体前屈。下颌收紧,上体前屈至两肘同时触及膝部或大腿部位。③手臂动作。在做仰卧起坐过程中,双臂应始终保持交叉抱于胸前和双手扶肩动作。

(a)　　　　　　　　　　　　(b)

图 4-8-1　仰卧起坐

三、训练方法

(一)仰卧两头起

见本章第三节"单杠卷身上"训练方法(二)。

(二)直角支撑剪腿

直腿坐于地面或垫子上,上体后仰,两臂伸直支撑于后侧,抬起两腿与地面成大约45°,在30°~60°之间交替上下摆动(见图4-8-2)。也可仰卧于地面,手臂置于身体两侧,抬起两腿与地面约成45°,交替上下摆动。

图 4-8-2　直角支撑剪腿

(三)双杠直角支撑

双手支撑双杠成悬垂状,两腿伸直并拢,保持身体静止(见图4-8-3)。两腿同时向前抬起约90°再放下成准备姿势,为一次练习。也可两腿抬起后保持数秒。

图 4-8-3　双杠直角支撑

(四)屈腿元宝收腹

受训者仰卧,两臂屈肘上举。开始后,受训者收腹、屈膝、举腿,同时上体前屈,两臂肘关节碰触膝关节。

(五)单腿屈膝元宝收腹

受训者仰卧,两臂屈肘上举。练习时,上体前屈,单腿提膝抬腿与异侧手臂肘关节相碰触为完成一次动作。亦可两腿交替进行。

(六)斜板(坡)仰卧起坐

受训者利用斜板或斜坡,以头低脚高姿势仰卧于斜面上,固定脚踝部位进行仰卧起坐,以提高练习难度。训练水平低的受训者,可以头高脚低姿势做仰卧起坐,以降低练习的难度。

四、常见错误与纠正方法

(1)肩背部未接触地面或体操垫。纠正方法:降低练习强度,认真体会完成规范动作用力时的感觉。

(2)借助臀部的反弹抬起上体或抬起上体时脚跟离地。纠正方法:降低训练难度,在斜坡上向下做仰卧起坐;1人用双手压住受训者髋关节两侧助其做仰卧起坐;增加腰腹肌力量练习。

五、训练注意事项

(1)充分做好准备活动。

(2)注意动作质量。仰卧时,背部、腰部应触及体操垫;坐起时,下颌收紧,上体前屈,肩胛骨离地。

(3)防止受伤。在肩部、腰部或颈部有伤疾时,不宜进行仰卧起坐训练,选择难度较大的训练时,注意训练负荷的循序渐进。

六、考核测试

(一)保障条件

平整场地、体操垫、秒表、记录台。

(二)考核规则

(1)受考者按动作要领在 2 min(女子 1 min)内所完成的仰卧起坐次数为其考核成绩。

(2)当出现下列犯规动作之一时,不记录该次数:上体后仰时肩胛骨部位未触及体操垫,上体前屈时脚跟离地、双肘未触膝部或大腿、双手未扶住肩部。

(3)当出现下列犯规动作之一时,结束考核,只记录此前的考核成绩:测试时间已达 2 min(女子 1 min),躺在体操垫上休息。

(三)考核方法

(1)每个考点设考核员 1 名,负责检查受考者的动作是否符合要求,考核中清晰地报出完成的正确动作次数,发出"开始"信号同时开表,2 min(女子 1 min)结束时发出"停"的信号同时停表,登记成绩。

(2)考核员下达"开始"信号后受考者开始做动作。

第九节　斜板仰卧起坐

目的:增强腰腹部力量,提高抗过负荷能力。
要求:了解斜板仰卧起坐的训练作用,掌握正确的动作要领。

一、训练条件

腹肌训练板(倾斜角度:男子 20°～30°;女子 10°,见图 4-9-1)、体操垫、秒表。

图 4-9-1　腹肌训练板

二、动作要领

准备姿势:受训者双臂交叉置于胸前,双手扶肩,仰卧于腹肌训练板。
动作练习:仰卧起坐。上体前屈动作时,呼气,躯干与大腿夹角小于 90°;上体后仰动作时,吸气,双肩背部触及板面为完成 1 次动作(见图 4-9-2、图 4-9-3)。重复练习。

图 4-9-2　准备姿势　　　　图 4-9-3　仰卧起坐

三、训练方法

(一)增负训练法

加大腹肌板角度,增加训练数量,负重斜板仰卧起坐。

(二)减负训练法

腹肌力量较差的人,可降低腹肌板角度,降低频率,减少数量。

四、常见错误与纠正方法

肩背部未触及板面,借助臀部反弹抬起上体。纠正方法:降低练习强度,体会完成规范动作时用力的感觉;帮助者压住受训者髋关节使其做斜板仰卧起坐;加强腰腹肌力量和背部肌肉群练习。

五、保护与帮助

帮助者双手扶住受训者两脚踝,防止因斜板角度或操作不当引起的身体滑落。

六、训练注意事项

(1)训练前认真检查场地器材,充分做好准备活动和拉伸练习。
(2)训练时不要弯腰,不要用力过猛;臀部不要离开腹肌板,不要挺直背部做动作。

七、考核测试

(一)保障条件

腹肌训练板、体操垫、秒表、记录台。

(二)考核规则

(1)受考者应在规定倾斜角度的腹肌训练板上进行测试。在规定的时间内完成相应次数为最终成绩。
(2)当出现下列犯规动作之一时,不记录该次数:上体前屈时躯干与大腿夹角大于90°,上体后仰时双肩背部未触及板面或双手离肩,躺在斜板上休息。

(三)测试方法

(1)每个考点设考核员1名,负责下达"开始"口令,同时开表,记录受考者所完成的动作次数、检查受考者的动作是否符合要求,考核中清晰报出受考者所完成的正确动作次数,登记成绩。
(2)考核员下达"开始"信号后受考者开始做动作。

第十节 跳 绳

目的:增强脚踝和小腿肌群力量,提高身体协调能力。
要求:了解跳绳训练作用,掌握跳绳动作要领。

一、训练条件

平整场地(地面软硬适中)、跳绳(绳长2~3 m)。

二、动作要领

准备姿势:受训者两手握绳(把柄),调整好绳子长度,两臂自然弯曲,将绳置于脚后跟(见图4-10-1)。
动作练习:两手腕与小臂协调用力,向上、向前、向下、向后抡绳,绳接近地面时小腿与踝关节用力起跳,绳子在脚下通过,落地时前脚掌先触地,屈膝、屈髋缓冲。(见图4-10-2)。

重复练习。

图 4-10-1　准备姿势

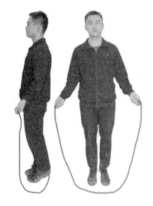
图 4-10-2　连续跳

三、训练方法

(一)动作技术训练

原地摇绳、徒手模拟跳绳练习。

(二)增大负荷训练

手持重物(300～500 g)进行空摇或模拟跳绳练习,增加绳子的重量或长度跳绳练习,下肢绑沙袋跳绳练习。

(三)时间及成功率训练

定时跳,在规定的时间内完成更多的次数并尽力减少失误;计数跳,按要求完成规定的次数并尽力减少失误的次数。

四、常见错误与纠正方法

(1)摇绳抡大臂。纠正方法:两上臂贴近身体,手腕用力,必要时可采用腋下夹物跳绳练习。

(2)摇绳与起跳脱节。纠正方法:进行空摇或模拟跳绳练习,提高上下肢协调能力。

(3)起跳过高或过低。纠正方法:设置适当高度的标志物或对镜进行跳绳练习。

五、训练注意事项

(1)训练前做好准备活动,训练后做好放松整理活动。

(2)选好场地,避免在硬性水泥地上跳绳,以免损伤关节。

六、考核测试

(一)保障条件

平整场地、跳绳、秒表、记录台。

(二)考核规则

(1)从发出"开始"信号至 2 min(女子 1 min)内受考者按照规定动作要领所完成跳绳的总次数为其考核成绩。

(2)受考者跳绳时上体未保持直立姿势、双脚未同时跳起、动作中断,该次动作不计数。

(三)考核方法

(1)单个或分组考核。

(2)每个考点设考核员 1 名,记录员 1 名。

第十一节　100 m 跑

目的:增强速度与灵敏素质,提高快速移动能力。

要求:了解 100 m 跑的训练作用,掌握正确的动作要领。

一、训练条件

标准田径场或平整场地、起跑器。

二、动作要领

100 m 短跑的全程技术可分为起跑、起跑后加速跑、途中跑和终点(冲刺)跑四个阶段。

(一)起跑

起跑有蹲踞式和站立式之分。起跑过程包括"各就位""预备""起跑信号"(发令枪、鸣哨、挥小旗与喊"跑"的口令)三个部分。其任务是摆脱人体静止状态,获得最大初速度。

蹲踞式起跑时,听到"各就位"口令后,走到起跑线,俯身,两手撑地,两脚在地面自行固定,脚尖应触及地面,后腿膝关节跪地,通常有力腿在前。两臂在起跑线后支撑地面,两臂伸直,两手间距离与肩同宽或比肩稍宽,四指并拢或稍分开与拇指成有弹性的"人字"形支撑,身体重心稍前移,肩约与起跑线齐平,头与躯干保持在一条直线上,颈部自然放松,身体重量均匀落在两手、前腿和后膝之间。听到"预备"口令后,逐渐抬起臀部,臀部要稍高于肩部约 10~20 cm,同时使身体重心向前上方移动,肩部在稍超出起跑线上方,此时重心主要落在前腿和两臂上。听到"起跑信号"时,两手迅速推离地面,做有力前后摆动,同时两腿快速用力蹬地。后腿快速蹬地后,便迅速屈膝向前上方摆出,摆出时脚不应离地面过高,这有利于摆动腿迅速着地并过渡到下一步。

(二)起跑后加速跑

起跑后的加速跑是从蹬地起跑结束前摆着地,到途中跑开始的一个跑段,一般为 20~30 m,其任务是尽快达到最高速度。

脚蹬离地后,身体处于较大的前倾姿势,为了不使身体向前摔倒,继续加速,要积极加快腿与臂的摆动和蹬地动作,保持身体平衡。第一步的着地应尽量靠近身体重心投影点,脚着地后迅速转入后蹬,身体逐渐抬起。起跑后的第一步较小,逐渐增加步长。

加速跑最初几步的支撑点是处在身体重心投影点的后面,这可使后蹬的大部分力量用于提高水平速度。随着跑速增加,支撑腿着地点位置逐渐向前移,直至在身体重心投影点前面着地。加速跑过程中,最初几步两脚着地点并非在一条直线上,随着脚步加快,两脚着地点逐渐合为一条直线(在起跑后 10～15 m 处)。

在加速跑中两臂动作与途中跑基本相同,但开始几步大腿前摆幅度较大,与此相适应摆臂幅度也较大。

(三)途中跑

途中跑是短跑全程中距离最长、速度最快的一段,其任务是继续发挥和保持高速度跑。每个单步由后蹬和前摆、腾空、着地和缓冲三个部分组成。

1. 后蹬和前摆

后蹬是推动人体向前的重要动作阶段。当身体重心移过支撑垂直面时,支撑腿开始积极有力后蹬。后蹬的用力首先从伸展髋关节开始,依次蹬伸膝、踝关节,直至脚掌蹬离地面。随着支撑腿的蹬地,摆动腿迅速有力向前上方摆出,并带动同侧髋前移,大腿前摆与水平面成 15°～20°。后蹬与前摆结束时,支撑腿与摆动腿的夹角为 100°～110°,支撑腿的支点到髋关节的连线与地面的夹角为 55°～60°,支撑腿蹬离地面时与膝夹角为 150°～155°。

2. 腾空

腾空是支撑腿结束支撑后蹬离地,即进入无支撑状态的腾空期。腾空期是从足尖离地后开始,支撑腿的大腿随着蹬地后的惯性,使膝关节折叠弯曲。同时,还伴随着另一条腿抬大腿的屈髋关节动作,形成边折叠边前摆姿势。当左腿离地折叠前摆时,右腿摆动已接近最高位置,在右腿摆至最高点后,大腿积极下压,小腿随大腿快速摆落,成"鞭打"着地。途中跑中,头部正直,上体稍向前倾。摆臂动作是以肩为轴前后摆动,颈、肩应放松,手成半握或伸直,臂弯曲,上臂与前臂约成 90°。摆臂应自然、有力。向前的摆动速度要快,幅度要大,手稍微超过下颚;后摆时肘稍朝外,不能耸肩,上臂摆到与地面接近平行。

3. 着地和缓冲

腾空结束时,摆动腿积极伸展下压,用前脚掌有弹性地着地。摆动腿积极着地有利于缩短前支撑时间,并能减小着地时的阻力,有利于身体重心迅速前移转入后蹬阶段。

(四)终点(冲刺)跑

离终点线 15～20 m 时,应尽力加快双臂摆动速度和力量,距离终点 2～3 m 处上体急速前倾,以上体躯干向前撞压终点线,跑过终点后逐渐减速。

三、训练方法

(一)起跑与加速跑技术练习

目的:提高起跑和加速跑技术。
训练距离:15～20 m。
训练强度:60%～90%。
训练次数:5 次。
训练间歇:1 min。

(二)途中跑技术练习

目的:提高途中跑技术。

训练距离:60～80 m。

训练强度:60%～90%。

训练次数:3～5次。

训练间歇:1～2 min。

(三)专项速度训练

目的:提高最大速度能力。

1. 无负荷跑练习

训练距离:60～80 m。

训练强度:90%以上。

训练次数:3～5次。

训练间歇:1～2 min。

2. 阻力跑练习

目的:加强力量,提高步长。

训练距离:30～60 m。

训练强度:100%以上。

训练次数:3～5次。

训练间歇:1 min。

训练形式:上坡跑、后牵引跑等。

3. 助力跑练习

目的:提高步频。

训练距离:30～60 m。

训练强度:100%以上。

训练次数:3～5次。

训练间歇:1 min。

训练形式:下坡跑、前牵引跑。

(四)专项速度耐力训练

目的:加强 100 m 速度耐力。

训练距离:100～150 m。

训练强度:60%～100%。

训练次数:3～5次。

训练间歇:2～3 min。

注:在掌握一定技术的基础上,再进行跑的能力练习。顺序为技术训练、专项速度训练和速度耐力训练。

(五)100 m 跑专项及辅助练习

(1)短距离间歇跑。通常跑的距离为 60 m—80 m—100 m,强度控制在 95%—90%—85%。例如:60 m×4 次,每次间歇 90 s。

(2)上坡重复跑。选择有一定坡度的上坡路段适宜练习爆发力(用 15～20 s 跑上去,30～60 s 跑下来,重复 5～10 次)。上体稍前倾,但腰不能弯。在上坡跑时,膝盖要抬高以保持充分的步长。山坡重复跑训练应徒手进行。

(3)向前行进的快速高抬腿跑。

(4)快速台阶跑。

(5)各类快速跳跃练习等。

四、常见错误与纠正方法

(1)起跑蹬离起跑器无力。纠正方法:调整"预备姿势",使两脚夹角处于最佳发力状态;反复进行蹬离起跑器练习。

(2)起跑后上体抬起过早。纠正方法:起跑后身体保持前倾姿势;起跑后前摆腿积极下压着地。

(3)坐着跑。纠正方法:身体保持正直姿势,髋关节积极前送;强调后蹬腿髋、膝、踝三个关节充分蹬伸;增强股后肌群力量,多做辅助性专门练习。

(4)摆动腿前抬太低。纠正方法:反复做大小腿折叠前摆练习;进行高抬腿练习,加强大腿肌肉力量。

(5)踢小腿跑。纠正方法:强调摆动腿大小腿应充分折叠前抬,然后大腿积极下压,小腿自然伸展;反复进行小步跑、高抬腿练习。

(6)上体晃动过大,摆臂不协调。纠正方法:多进行原地摆臂练习;强调上肢放松,避免仰头或低头跑,手臂与腿的配合要协调。

五、训练注意事项

(1)训练前做好全身性的准备活动,训练结束后安排肌肉拉伸等放松整理练习。

(2)短跑的成功很大程度上取决于跑的动作自然放松能力,必须放松不参与工作的肌肉,努力保持正确的跑步姿势。

六、考核测试

(一)保障条件

标准田径场或平整场地,起跑器,秒表,手旗(发令枪),号码衣或号码布(尺寸约 0.25 m×0.20 m),记录台。

(二)考核规则

(1)从发令员发出"起跑"信号至受考者按要求完成规定的跑距所用的时间为其考核成绩。成绩精确到 0.1 s。用 1/100 s 的秒表计时时,小数点后面的第 2 位不为零时,应进位成较差的 1/10 s。如秒表计取的时间为 12″11,应登记为 12″2。

(2)受考者在发令员发出"起跑"信号后起跑,违者为抢跑犯规。抢跑犯规应当即召回,并重新组织起跑。

(3)跑出本道或用其他方式干扰、阻碍他人者取消当次成绩,重新测试。

(4)受考者必须在胸前佩戴号码布或穿号码衣。

(三)考核方法

(1)设发令员1名,计时员若干名。

(2)发令员负责发出"起跑"信号,做出起跑犯规的判罚,及重新组织起跑。计时员在发出"起跑"信号的同时开表,当受考者到达终点时停表,登记成绩。

第十二节　30 m×2 蛇形跑

目的:增强速度与灵敏素质,提高快速变向运动能力。

要求:了解30 m×2 蛇形跑的训练作用,掌握正确的动作要领。

一、训练条件

场地:在标准的田径场跑道上(道宽1.25 m)或平整的场地上,画两条间隔30 m的平行线,作为起终点线和折返线。

器材:在两条间隔2.5 m的跑道分道线上直线相距5 m处,设置1根立杆,共设7根立杆,立杆高度不低于1.8 m(见图4-12-1)。

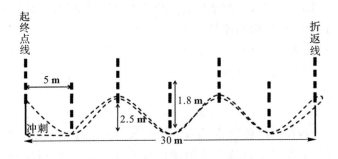

图4-12-1　30 m×2 蛇形跑场地图

二、动作要领

准备姿势:受训者双脚站立在第一标志杆左侧的起点线后,听到"预备"信号后,做好站立式起跑动作。

动作练习:听到"起跑"信号后跑向第二标志杆,并从外侧绕过标志杆,依次从立杆外侧绕过至最后一根标志杆折返,按原路返回至起终点线(最后5 m直线冲刺)。

三、训练方法

(1)站立起跑和起跑后加速跑练习。体会迈第一步技术和摆臂技术。进行听信号站立式起跑,加速 20～30 m(反复练习)。

(2)快速跳跃练习,提高踝关节稳定性与腿部力量。

(3)上坡重复跑练习。

(4)加速变向跑练习。

(5)短距离间歇跑练习。跑的距离为 40 m—60 m—80 m,强度控制在 95%—90%—85%。例如:60 m×4 次,每次间歇 90 s。

四、常见错误与纠正方法

(1)漏绕标志杆。纠正方法:练习前明确好跑动路线。

(2)将标志杆撞倒。纠正方法:加强各类变向跑练习,提高急停转身的能力。

五、训练注意事项

(1)训练前做好准备活动,训练结束后重点安排腿部肌肉的拉伸放松。

(2)避免在湿滑地面上练习,预防损伤。

六、考核测试

(一)保障条件

平整场地、标志杆、秒表、记录台。

(二)考核规则

(1)从"起跑"信号发出至受考者按规定路线和要求完成跑距所用时间为其考核成绩。成绩精确到 0.1 s。如 20″11 应登记为 20″2。

(2)受考者听到"起跑"信号后起跑,违者为抢跑犯规。抢跑犯规应当即召回,并重新组织起跑。

(3)当出现下列犯规动作之一时,不记录成绩:漏绕标志杆,撞倒标志杆。

(三)考核方法

(1)每个考点设考核员 1 名,站在起终点线处。检查员 1 名,站在折返线处。

(2)考核员发出"出发"信号同时开表,当受考者返回起终点线时停表,登记成绩。检查员负责检查受考者是否犯规。

第十三节　400 m 跑

目的:增强速度耐力,提高快速跑动能力。

要求:了解 400 m 跑的训练作用,掌握正确的动作要领。

一、训练条件

标准田径场或平整场地、起跑器。

二、动作要领

400 m 跑技术动作分为直道跑和弯道跑,直道跑技术动作与 100 m 跑基本相同。弯道跑须克服跑进中的离心力,改变跑动的身体姿态以及腿、臂的蹬、摆方向。

(一)弯道起跑和起跑后的加速跑

起跑时,受训者左手支撑点距起跑线 5~10 cm,以便使身体能够正对弯道内侧分道线切点。

弯道起跑后前几步应沿内侧分道线的切点方向跑进。因为加速距离较短,所以加速跑时上体抬起时间较 100 m 跑早。

(二)弯道跑技术

弯道跑时,身体应有意识地向内倾斜。右腿前脚掌内侧用力,左腿前脚掌外侧用力。大腿前摆时,右腿的膝关节稍向内,左腿的膝关节稍向外,同时,右腿的摆动幅度应比左腿稍大。摆臂时,右臂前摆稍向左前方,后摆肘关节稍向外,左臂摆动时稍离躯干。

在弯道的最后几米,身体应逐渐减小内倾程度,顺势跑进 2~3 步后再转入直道跑。

三、训练方法

(一)跑的技术和能力训练

目的:提高跑的技术和能力。

训练距离:200~300 m。

训练强度:60%~100%。

(二)专项速度耐力训练

目的:提高专项速度耐力。

训练距离:300~600 m。

训练强度:75%~90%。

训练次数:3~5 次。

训练间歇:2~3 min。

(三)400 m 专项及辅助体能训练

1. 长距离间歇跑

跑的距离为 150 m、200 m、250 m、300 m、400 m,甚至 500 m。随着受训者训练水平的提高,可在间歇时间不变的情况下,提高训练强度。每次跑步时间与休息间歇时间比约控制在 1∶3,或在每次跑步后待心率降至 120 次/min 时再进行下一次练习。

2. 上坡重复跑

上坡重复跑可参见本章第十一节训练方法(三)。此外,还可进行向前行进的快速高抬腿跑、快速台阶跑、各种距离组成的反复跑和长距离跨步跳等练习。

四、常见错误与纠正方法

(1)跑时后蹬无力,形成"坐式"跑。纠正方法:跑动时注意摆动大腿带动髋部向前送胯,并加强后蹬力量;多进行后蹬跑、上坡跑等练习;加强腰、腿部力量练习。

(2)上体左右晃动。纠正方法:跑动时保持上体正直,身体重心平稳;注意后蹬和前摆的方向,避免"八字脚"现象。

五、训练注意事项

(1)训练前做好准备活动,训练结束后安排肌肉拉伸。
(2)注意跑的动作自然放松,保持正确的跑步姿势。

六、考核测试

(一)保障条件

标准田径场或平整场地、秒表、哨子、手旗(发令枪、弹)、号码布(尺寸约 0.25 m×0.20 m)、记录台。

(二)考核规则

(1)从"起跑"信号发出至受考者按要求完成规定跑距所用的时间为其考核成绩。成绩精确到秒,如 1′13″36 登记为 1′14″。

(2)受考者在发出"起跑"信号后起跑,违者为抢跑犯规。抢跑犯规应当即召回,并重新组织起跑。

(3)跑出本道或用其他方式干扰、阻碍他人者取消当次成绩,重新测试。

(4)受考者必须在胸前佩戴号码布或穿号码衣。

(三)考核方法

(1)设发令员 1 名,计时员若干名。
(2)发令员负责核对受考者名单、号码和道次,发出"起跑"信号,做出起跑犯规的判罚,及重新组织起跑。计时员在发出"起跑"信号的同时开表,当受考者到达终点时停表,登记成绩。

第十四节　1 000 m 跑

目的:增强速度耐力素质,提高中长距离快速移动能力。
要求:了解 1 000 m 跑的训练方法,掌握正确的动作要领。

一、训练条件

田径场或平整的场地。

二、动作要领

1 000 m 跑的完整技术包括起跑、起跑后的加速跑、途中跑、终点跑,核心环节是呼吸。

(一)起跑和起跑后的加速跑

采用站立式起跑,当听到"各就位"口令后,走到起跑线,两腿前后站立,有力的腿放在前,两臂一前一后,两腿弯曲,上体前倾,颈部放松,眼看前方5~10 m处,整个身体保持稳定姿势,注意听"出发"信号。

当听到"出发"信号时,两脚用力蹬地,后腿蹬地后迅速前摆,两臂配合前后摆动。过渡到加速阶段后,两腿应迅速有力蹬伸和积极摆臂,在短时间内达到预定速度后进入途中跑。

(二)途中跑

途中跑是决定长跑运动成绩的主要环节,包括上体与前摆、腾空、着地与缓冲、上体姿势与摆臂动作等技术环节。跑动中应强调轻松、有力、节奏好。着地与缓冲时,摆动腿积极下拉,小腿顺势前摆,用前脚掌先着地,然后迅速上提。摆臂时,上体正直或稍前倾,头颈部肌肉自然放松,两眼平视,两臂弯曲,两肩放松,以肩关节为轴前后自然摆动,摆幅随跑速适当变化。

(三)终点跑

终点跑是临近终点的冲刺跑,其距离根据训练水平、个人情况而定。一般情况下,1 000 m跑匀速完成,部分能力强的可在离终点200~400 m时加速冲刺。

(四)呼吸

呼吸的节奏取决于个人特点和跑的速度。一般是跑两步或三步一呼气,跑两步或三步一吸气。随着跑速提高,呼吸频率也相应加快。在终点冲刺跑时,有些受训者采用一步一呼、一步一吸的方法。呼吸应自然并有一定深度,随着疲劳出现,应加深呼吸,采用半张口与鼻同时呼吸,以便最大限度满足机体对氧气的需要。

受训者跑动过程中会出现不同程度的胸部发闷、呼吸困难、动作无力等现象,迫使跑速降低,甚至有难以跑下去的感觉,这种生理现象叫"极点"。极点与准备活动、训练水平和运动强度有关。当极点出现时,可以减慢跑速,有意识地加深呼吸,并以顽强意志坚持下去。

三、训练方法

(一)有氧耐力训练

目的:提高心血管与体温调节能力。

训练距离:2 000~3 000 m。

训练强度:最大摄氧量的70%~90%。

(二)最大摄氧量能力训练

目的:提高最大摄氧量和无氧代谢能力。

训练距离:400 m。

训练强度:90%以上。

训练次数/组数:3~6次/3~6组。

训练间歇(次/组):1~3 min/3~5 min或心率恢复到120次/min左右。

(三)节奏训练

目的:提高跑步频率与节奏感。
训练距离:1 000 m。
训练次数/组数:2～3次/2～3组。
训练间歇(次/组):5 min或心率恢复到110次/min左右。

四、常见错误与纠正方法

(1)坐着跑。纠正方法:强调身体正直,重心稍向前移。
(2)身体摇晃。纠正方法:跑动时保持上体正直,身体重心平稳;避免上抬动作与"八字脚"着地。
(3)动作紧张,呼吸不顺畅。纠正方法:放松心情,充分做好准备活动;掌握好呼吸节奏。

五、训练注意事项

(1)训练前应认真检查场地,并充分做好全身性准备活动。
(2)掌握呼吸节奏。
(3)认真做好训练后整理放松与肌肉拉伸。

六、考核测试

(一)保障条件

标准田径场或平整场地、秒表、发令枪(弹)、联络旗或对讲机、哨子、记录台。运动员佩戴号码布(尺寸0.25 m×0.20 m)或着号码背心(前后大号码)。

(二)考核规则

(1)从发出"起跑"信号至受考者按要求完成规定跑距所用的时间为其考核成绩。成绩精确到秒。
(2)受考者在发出"起跑"信号后起跑,违者为抢跑犯规。抢跑犯规应当立即召回,并重新组织起跑。
(3)受考者必须在胸前佩戴号码布或穿号码衣。
(4)当出现下列犯规动作之一时,不记录成绩:受考者未能独立完成,如受他人推拉助力;未按规定路线跑进。

(三)考核方法

(1)在标准田径场考核时,可根据年龄段安排2～4个受考组同时进行考核,每个受考组着不同颜色号码衣,每组人数通常不超过15人。
(2)设考核组长1名,发令员1名,检查员2名,按受考组数设相应记录组,每个记录组由1名计时员和1名记圈员组成。
(3)考核组长负责考核的全面工作。发令员在起点处,负责核对名单与号码、发出"起跑"信号,做出起跑犯规的判罚,及重新组织起跑。检查员在弯道处,负责检查受考者弯道跑进中是否犯规,出现犯规时应记录犯规者号码和犯规情况,并书面报告考核组长。计时员和记圈员在终点处,计时员负责本组受考者计时,并协助记圈。记圈员负责本组受考者跑进圈数的记录,提醒计时员到达终点的受考者,并登记成绩。

第十五节　3 000 m 跑

目的:增强耐力素质,提高长距离奔跑能力。
要求:了解 3 000 m 跑的训练作用,掌握正确的动作要领。

一、训练条件

田径场或平整场地、秒表。

二、动作要领

3 000 m 跑的完整技术包括起跑、起跑后的加速跑、途中跑、终点跑,核心环节是呼吸。

(一)起跑和起跑后的加速跑

见本章第十四节起跑和起跑后的加速跑。

(二)途中跑

途中跑是决定长跑运动成绩的主要环节,跑进过程中应注意以下四个方面。

(1)注意用身体的核心部位"带动"整体向前。

(2)两脚内侧成一直线,落地点越靠近身体重心投影点(臀部下方)越好。

(3)相对小的步幅,相对高的步频。步频不能低于每分钟 170 次,最好能够达到每分钟 180~190 次。

(4)上体正直,顶髋收腹。摆臂时,头、颈和肩自然放松,两眼平视,两臂弯曲,以肩为轴前后自然摆动,摆幅随跑速适当变化。

(三)终点跑

终点跑是临近终点的冲刺跑,其距离根据训练水平、个人情况而定。一般情况下,3 000 m 跑在离终点 400 m 或稍长距离处适当提速,在离终点 200 m 左右时全力冲刺。

(四)呼吸

参见本章第十四节动作要领(四)。

三、训练方法

(一)有氧耐力训练

目的:提高心血管与体温调节能力。
训练距离:5 000~10 000 m。
训练强度:最大摄氧量的 70%~90%。

(二)最大摄氧量能力训练

目的:提高最大摄氧量和无氧代谢能力。

训练距离:100～500 m。

训练强度:90%以上。

训练次数/组数:3～6次/3～6组。

训练间歇(次/组):1～3 min/3～5 min或心率恢复到120次/min左右。

(三)跑步速度训练

目的:提高跑步速度和跑步的经济性。

训练距离:1 000～2 000 m。

训练次数/组数:2～3次/2～3组。

训练间歇(次/组):6～8 min/8～10 min或心率恢复到110次/min左右。

四、常见错误与纠正方法

参见本章第十四节相关内容。

五、训练注意事项

参见本章第十四节相关内容。

六、考核测试

参见本章第十四节相关内容。

第十六节 进阶跑

目的:增强耐力素质,提高最大有氧供能能力。

要求:了解进阶跑的训练作用,掌握进阶跑的动作要领。

一、训练条件

长不少于20 m,表面平坦且不光滑的平整场地,进阶跑音乐,音乐节拍播放器。

二、动作要领

在平整地面上相距20 m画两条平行直线作为标志线(起点线和折返线)。

准备姿势:受训者听到"进阶跑测试4 s后开始,准备"的提示音后,两脚站立于起点线后。

动作练习:听到"嘀"声信号后跑向并用脚触及折返线,然后跑回并用脚触及起点线,依次循环往返跑进。

动作要求:在节拍"嘀"声前到达标志线(起点线或折返线),且必须在节拍"嘀"声后离开标志线(起点线或折返线)。开始跑第1级1时,需以每千米约7.25 min的速度匀速跑进,即可在"嘀"声信号时到达标志线,之后在第1级2至第1级7以同样速度跑进,即可顺利完成第1级训练或测试。然后在"嘀"声信号后开始第2级1,此时需以每千米约6.6 min的速度匀速跑进,即可在"嘀"声信号时到达标志线……之后每次进级,跑速都逐渐提升。每一级在两条标志线间跑动的次数详见表 4－16－1。

表 4－16－1　进阶跑每级跑动次数详表

级数	跑动次数															
1	1	2	3	4	5	6	7									
2	1	2	3	4	5	6	7	8								
3	1	2	3	4	5	6	7	8								
4	1	2	3	4	5	6	7	8	9							
5	1	2	3	4	5	6	7	8	9							
6	1	2	3	4	5	6	7	8	9	10						
7	1	2	3	4	5	6	7	8	9	10						
8	1	2	3	4	5	6	7	8	9	10	11					
9	1	2	3	4	5	6	7	8	9	10	11					
10	1	2	3	4	5	6	7	8	9	10	11					
11	1	2	3	4	5	6	7	8	9	10	11	12				
12	1	2	3	4	5	6	7	8	9	10	11	12				
13	1	2	3	4	5	6	7	8	9	10	11	12	13			
14	1	2	3	4	5	6	7	8	9	10	11	12	13			
15	1	2	3	4	5	6	7	8	9	10	11	12	13			
16	1	2	3	4	5	6	7	8	9	10	11	12	13	14		
17	1	2	3	4	5	6	7	8	9	10	11	12	13	14		
18	1	2	3	4	5	6	7	8	9	10	11	12	13	14	15	
19	1	2	3	4	5	6	7	8	9	10	11	12	13	14	15	
20	1	2	3	4	5	6	7	8	9	10	11	12	13	14	15	16
21	1	2	3	4	5	6	7	8	9	10	11	12	13	14	15	16

三、训练方法

(一)持续匀速跑训练法

持续跑 2 000～4 000 m，平均心率控制在 130～170 次／min 之间。此方法一般用于训练的初级阶段。

(二)变速跑训练法

变速跑 2 000～4 000 m。可采用标准 400 m 跑道，直道加速，弯道减速的跑法。也可采用在公路或野外不规则路线上持续采用加速与减速交替跑进的方法。此方法一般用于训练的中、高级阶段。

(三)减难训练法

使用进阶跑音乐辅助，采用比进阶跑标准距离更近一些的距离(小于 20 m)进行训练。此方法一般用于训练的初级阶段。

(四)加难训练法

使用进阶跑音乐辅助,采用比进阶跑标准距离更远一些的距离(大于 20 m)进行训练。此方法一般用于训练的中、高级阶段。

四、常见错误与纠正方法

(1)未按要求的节奏逐级加速跑,加速跑提前到达标志线处等待"嘀"声,形成加速跑后在标志线处静止等待,然后再加速跑。纠正方法:从第 1 级开始,以每千米约 7.25 min 的速度匀速跑进,即可在"嘀"声响时到达标志线,之后每次升级都适当加快一点速度,在每级内保持匀速跑即可。

(2)在"嘀"声前离开标志线。纠正方法:提醒受训者必须严格执行在"嘀"声后离开标志线的跑动规定。

五、训练注意事项

(1)训练前应认真检查场地,确保场地平整且不光滑。
(2)受训者参加训练需投入最大努力。
(3)在身体受伤或生病的情况下,建议不要参加进阶跑训练。如对自己的身体状况是否适合参加进阶跑训练有疑问,应事先征求医生意见。
(4)在开始训练前应先做准备活动(适度慢跑和轻微的肌肉拉伸)。
(5)认真做好训练后的整理放松活动。

六、考核测试

(一)保障条件

长不少于 20 m,表面平坦且不光滑的平整场地,进阶跑音乐,音乐节拍播放器,测量 20 m 距离用的卷(皮或钢)尺,记录台,佩戴号码布。

(二)考核规则

(1)受考者须在听到正式开始测试的"嘀"声信号后起跑,违者为抢跑犯规。抢跑犯规应立即召回,并重新组织起跑。
(2)受考者必须佩戴号码布或穿号码衣。
(3)未能在节拍"嘀"声前到达标志线,或者在节拍"嘀"声前离开标志线均属犯规,前两次此类犯规给予口头警告纠正,如出现第三次此类犯规,自动结束考核。
(4)从"嘀"声起跑信号后,至受考者按要求完成的最高级数为其考核成绩。比如,在音乐信号提示"开始第 8 级 5"后,受考者依规则继续跑进,但未能在音乐信号提示"开始第 8 级 6"的"嘀"声前到达标志线,且受考者自动结束测试或考核员责令其依据规则必须结束测试,则其最终成绩登记为 8.4 级。

(三)考核方法

(1)分组考核。每个考点设考核员 1 名,检查员若干名站在标志线(起点线和折返线)处。
(2)考核员负责播放进阶跑音乐,在受考者结束考核后登记成绩。检查员负责检查受考者是否犯规,并向考核员上报所负责受考者的考核成绩。

第十七节　基础体能组合 1

目的:增强核心力量与灵敏素质,提高短距离快速变向移动能力。

要求:了解基础体能组合 1 的训练作用,掌握正确的动作要领。

一、训练条件

在平整地面上画两条 10 m 长的 T 形线,3 个圆锥桶(高 50 cm)放置在 B、C、D 点上(见图 4-17-1),另需秒表和俯桥用支撑软垫。

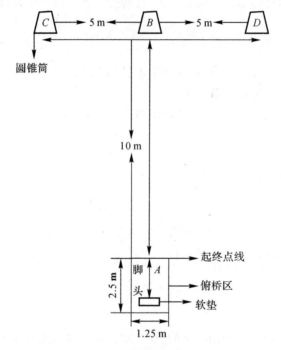

图 4-17-1　基础组合练习 1 场地

二、动作要领

本练习由俯桥(平板支撑)和 T 形跑两个动作组成。

准备姿势:受训者两脚站立在起终点线,听到"预备"后,背对 T 形跑场地俯撑于地面,两脚与起终点线齐平,两前臂置于软垫上。

动作练习:①俯桥。听到"开始"信号后,迅速呈俯桥支撑(前臂和前脚掌着地),腹部和臀部收紧,使头部、背部、臀部和腿部呈一条直线。肘部在肩部正下方,前臂与地面紧贴,肘关节成 90°夹角。两腿伸直,两脚略分开支撑于地面。②T 形跑。在俯桥进行到 1 min 30 s(女性为 60 s)时,听到"跑"信号后,立即由俯桥姿势起立转身起跑,从 A 点正面跑向 B 点,右手触摸 B 点圆锥筒;从 B 点向左侧滑步至 C 点,左手触摸 C 点圆锥筒;从 C 点向右侧滑步至 D 点,右手触摸 D 点圆锥筒;从 D 点向左侧滑步至 B 点,左手触摸 B 点圆锥筒;最后从 B 点转身正面向 A 点冲刺。

动作要求：侧滑步应两腿开立，降低重心，手臂位于体侧，肘部成 90°，掌心向前。侧滑步时，一侧脚向移动方向横跨一步，然后另一只脚跟进，依次滑步。

三、训练方法

(1) 俯桥每组 1～2 min，间歇 1～2 min，训练 3～4 组。

(2) 反复进行侧滑步练习，动作由慢到快，确保动作准确性。

(3) 掌握转身冲刺跑的动作要领。

四、常见错误与纠正方法

(1) 俯桥出现塌腰或翘臀现象。纠正方法：加强核心力量训练，两人一组互相纠正俯桥错误动作，体会正确的动作要领。

(2) 交叉步横向移动。纠正方法：严格按要求使用侧滑步。

(3) 侧滑步过程中身体重心太高。纠正方法：背部保持挺直，略下蹲。

(4) 手未触及圆锥桶。纠正方法：加强侧滑步后触及圆锥桶练习。

五、训练注意事项

(1) 训练前做好准备活动，尤其注意加入侧滑步和转身跑等专门性准备活动内容。

(2) 训练结束后重点进行腿部肌肉的静态拉伸。为预防损伤，应避免在湿滑地面上训练。

六、考核测试

(一) 保障条件

平整场地、圆锥筒、秒表、体操垫、哨子、记录台。

(二) 考核规则

(1) 按规定时间和要求完成俯桥动作后，从发出"跑"的信号至受考者按 T 形跑路线和要求到达 A 点所用的时间为其考核成绩，成绩精确到 0.1 s。如秒表计取的时间为 13″41，应登记为 13″5。

(2) 受考者在发出"开始"信号后必须迅速呈俯桥支撑，听到"跑"的信号后方可转身起跑，违者为犯规，并重新组织测试。

(3) 俯桥动作身体不在同一平面、不按规定路线和步伐跑进、手未按要求触及标志桶，不记录成绩。

(三) 考核方法

(1) 每个考点设考核员 1 名，站在起终点线处。检查员 1 名站在 B 点处。

(2) 考核员负责发出"开始"信号，检查受考者俯桥动作是否犯规，1′30″（女性为 60 s）时发出"跑"的信号，同时开表，当受考者返回 A 点线时停表，登记成绩。检查员负责检查受考者 T 形跑动作和路线是否犯规。

第十八节　基础体能组合2

目的:增强躯干稳定力量、上肢肩部力量和速度素质,提高身体协调与快速移动能力。
要求:了解基础体能组合2的训练作用,掌握正确的动作要领。

一、训练条件

在平整地面上画两条相距30 m的平行线(见图4-18-1),标志杆、体操垫。

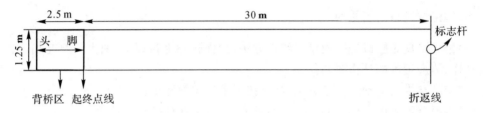

图4-18-1　基础组合练习2场地

二、动作要领

本练习由背桥和30 m×2折返跑两个动作组成。
准备姿势:受训者面向折返跑场地仰卧,两脚于起终点线后。
动作练习:①背桥。听到"开始"后,迅速呈背桥姿势,即仰卧支撑,头部和上背部贴地,腹部收紧,腹部与大腿呈一条直线。两手分开置于体侧,两膝弯曲,大小腿夹角约90°(见图4-18-2)。②30 m×2往返跑。在背桥动作完成120 s时,听到"跑"的信号后,由背桥姿势迅速转为30 m×2折返跑。起跑至30 m后绕过标志杆折返,再冲刺跑向起终点线。

图4-18-2　背桥

三、训练方法

(1)背桥每组2～3 min,间歇1～2 min,训练3～4组。
(2)背桥姿势转为起跑后的加速跑练习。反复进行听信号由背桥姿势起跑,及起跑后的加速跑(30～40 m)练习。
(3)上坡重复跑。
(4)扶墙高抬腿跑。

四、常见错误与纠正方法

(1)背桥时臀部下垂。纠正方法:加强核心力量训练,2人一组互相纠正背桥错误动作,体会正确的动作要领。

(2)身体触及折返标志杆。纠正方法:固定跑进步频和步幅,确定绕杆方法(正面或背面绕杆)。

五、训练注意事项

(1)训练前做好准备活动,尤其注意加入各类变向跑专项准备活动。
(2)训练结束后进行腿部肌肉静态拉伸。为预防损伤,应避免在湿滑地面上训练。

六、考核测试

(一)保障条件

平整地面、秒表、标志杆、体操垫、记录台。

(二)考核规则

(1)按规定时间和要求完成背桥动作后,从发出"跑"的信号至受考者按折返跑路线和要求到达起终点线所用的时间为其考核成绩,成绩精确到0.1 s。如秒表计取的时间为11″41,应登记为11″5。

(2)受考者在发出"开始"信号后必须迅速呈背桥支撑姿势,并保持2 min。听到"跑"的信号后方可起跑,违者为犯规,并重新组织考核。

(3)背桥动作要领错误或未能完成规定时间,以及未按折返跑要求跑进,不记录考核成绩。

(三)考核方法

(1)每个考点设考核员1名,站在起终点线处,检查员1名,站在折返标志杆处。

(2)考核员负责发出"开始"信号,检查受考者背桥动作是否犯规,并在120 s时,发出"跑"的信号,同时开表,当受考者返回起终点线时停表,登记成绩。检查员负责检查受考者折返处是否犯规。

第十九节　负重组合练习

目的:增强速度和力量素质,提高搬运能力。
要求:了解负重组合练习的训练作用,掌握正确的动作要领。

一、训练条件

在平整场地上相距25 m画两条平行线,作为起终点线和折返线(见图4-19-1)。每个场地上放置2个20 kg的箱子(含箱内填装沙土),箱子握把上系1 m长的绳子。

图 4-19-1 负重组合练习示意图

二、动作要领

负重组合练习由拉 2 个箱子跑 25 m、提 2 个箱子跑 25 m、抱 1 个箱子跑 25 m、扛 1 个箱子跑 25 m 四个动作组成。

(一)拉 2 个箱子跑

准备姿势:受训者两脚前后开立,位于起终点线后,两臂向侧后下方自然伸直,双手抓握箱子拖绳一端,上体前倾,两腿弯曲。

动作练习:两膝蹬伸,两脚做积极蹬地动作,同时做低头、上体前倾和两臂牵拉动作,迅速摆脱静止状态跑向折返线。跑进时,应减小步幅,加快步频。

(二)提 2 个箱子跑

准备姿势:受训者两手各提 1 个箱子,双臂向下自然伸直,准备从折返线后跑向起终点线。

动作练习:采用步幅较小和步频较快的跑进方法,跑向起终点线。

(三)抱 1 个箱子跑

准备姿势:以右手抱箱子为例。受训者将 1 个箱子放于右腋下,右臂夹住箱子,右手抓握箱子底部,左手握于箱子握把,准备从折返线后跑向起终点线。

动作练习:采用步幅较小和步频较快的跑进方法,跑向折返线。

(四)扛 1 个箱子跑

准备姿势:以右肩抗箱子为例。受训者将箱子扛在右肩上,右臂位于箱子外侧,右手抓握箱子顶部,左手握于箱子握把,准备从折返线后跑向起终点线。

动作练习:采用步幅较小和步频较快的跑进方法,跑向起终点线。双脚踏过起终点线并把箱子放置在起终点线后,为完成一次训练。

三、训练方法

采用原地半蹲跳、蛙跳、后蹬跑、单腿跳和负重半蹲跳等动作练习来发展腿部后蹬力量。采用哑铃屈腕动作来提高前臂的握力,以及杠铃臂屈伸和提壶铃跑等发展上肢提拎力量。采用肩扛麻袋等动作来提高腰腿部力量和协调能力。在全面提高上下肢和腰部力量的基础上,再进行负重组合练习的完整动作训练。

四、常见错误与纠正方法

(一)拉 2 个箱子跑

错误动作:起动时拉不动 2 个箱子、拉箱子跑进速度较慢、箱子未拉过折返线等。

纠正方法:加强相关力量素质训练,提高身体协调能力,观察箱子是否拉过折返线。

(二)提 2 个箱子跑

错误动作:不能一次性完成提拎动作、跑动中重心不稳。

纠正方法:加强相关力量素质训练;提拎箱子时,采用步幅较小和步频较快的跑进方法。

(三)抱 1 个箱子跑

错误动作:抱不住箱子、跑动中重心不稳。

纠正方法:加强相关力量素质训练;跑进中身体适当应向箱子异侧倾斜,保持身体平衡。

(四)扛 1 个箱子跑

错误动作:跑动中重心不稳定、箱子掉地。

纠正方法:采用步幅较小和步子稳定、起伏较小的跑进方法。

五、训练注意事项

(1)按受训者身体素质差异进行分组训练,有利于提高受训者训练的积极性和成绩。

(2)训练初期可降低训练难度,适当减轻箱子重量;随着训练者水平提高可逐渐增加箱子重量。

(3)加强自我保护训练,防止发生训练损伤。

六、考核测试

(一)保障条件

平整水泥地或硬质沙土地、箱子、拉绳、秒表、记录台。

(二)考核规则

(1)考核员发出"出发"信号至受考者扛着箱子越过终点线的时间为其考核成绩(精确到 0.1 s)。

(2)考核时,受考者出现抛、摔箱子等犯规动作,不记成绩。

(3)受考者出现如下犯规动作之一,不记成绩,除非其及时纠正犯规动作。

1)拉箱子跑起跑前,人或箱子超越起终点线;到达时,人或箱子未越过折返线。

2)提箱子跑起跑前,人或箱子超越折返线;到达时,人或箱子未越过起终点线。

3)抱箱子跑起跑前,人或箱子超越起终点线;到达时,人或箱子未越过折返线。

4)扛箱子跑起跑前,人或箱子超越折返线;到达时,人或箱子未能一起越过起终点线。

5)搬运箱子时,未能按照拉、提、抱、扛规定程序进行。

(三)考核方法

(1)每个考点设考核员 1 名,站在起终点线处,检查员 1 名,站在折返线处。

(2)考核员负责发出"开始"信号,并计时、登记成绩,对起终点线一端犯规行为做出判罚。检查员负责折返线一端犯规行为的判罚。

第五章　特种体育实用技能训练

实用技能训练是特种体育训练体系的重要部分，具有很强的实用价值。开展实用技能训练，不仅能有效发展身心综合素质，也能有效提高特种基本技能。本章主要就特种体育实用技能中必训课目的训练目的和要求、技术动作要领、训练方法、注意事项和考核测试等内容进行阐述。

第一节　400 m(女子 200 m)蛙泳

目的：增强身体综合素质，提高水中快速游进能力。

要求：了解 400 m(女子 200 m)蛙泳的训练作用，掌握正确的技术动作。

一、训练条件

游泳池或适宜水域、救生器材、漂浮器材。着泳装。

二、技术动作

蛙泳的游进动力以腿部蹬夹动作为主，具有省力、声音小、易隐蔽、浮力大、能负重、便于观察等特点，是单位开展泅渡和水上救护的基础泳姿。

(一)身体姿势

蛙泳时，在臂、腿完成有效动作后身体几乎是水平地俯卧在水中，头微抬，面部浸入水中，两臂紧夹头部并拢伸直，目视前下方，微挺胸收腹，两腿伸直并拢。胸、腹、大小腿成水平姿势，身体纵轴与前进方向成 5°～10°(见图 5-1-1)。

图 5-1-1　身体与水面角度

(二)腿部动作

蛙泳腿部动作是推动身体前进的主要动力，一般把腿部动作分为收腿、翻脚、蹬夹、滑行

4个阶段。

1. 收腿

收腿是在滑行后开始,收腿时,两膝自然下沉收大腿,同时收小腿,两腿边收边分开。收腿结束时,两脚跟靠近臀部,大腿与躯干约成120°～140°(见图5-1-2),小腿与大腿垂直,两膝约与肩同宽(见图5-1-3)。

图5-1-2　大腿与躯干角度

图5-1-3　收腿

2. 翻脚

翻脚是在收腿快结束的同时完成。在小腿和脚跟继续向臀部靠拢时,大腿稍内合,两脚外转并勾脚尖向外侧分开,形成两膝内扣,脚尖向外姿态(见图5-1-4),脚掌与小腿内侧向后对准蹬水方向(见图5-1-5)。

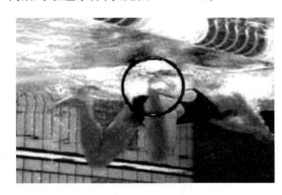
图5-1-4　脚掌对水面

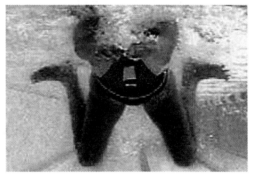
图5-1-5　翻脚

3. 蹬夹

在完成翻脚动作后的瞬间开始蹬夹水。由大腿发力,依靠外翻的脚弓和小腿内侧向后作迅速有力的弧形蹬夹(见图5-1-6),蹬夹后两腿自然并拢伸直。

4. 滑行

身体在蹬水后借助水的反作用力向前滑行。两腿(包括两脚尖)并拢向后自然伸直,使身体成流线形向前滑行(见图5-1-7)。

图 5-1-6 蹬夹水　　　　　　　　　图 5-1-7 滑行

上述 4 个阶段是紧密衔接、相互作用的一个完整过程。滑行是为收腿动作做好准备,收腿和翻脚是为更好地蹬夹水创造条件,而蹬夹水是推动身体前进的有效动作。因此,动作要连贯、及时、有节奏地进行。蛙泳腿部动作要领概括为:边收边分慢收腿,脚掌外翻对正水,向后弧形蹬夹腿,并拢伸直滑一会。

(三)臂部动作

蛙泳臂部动作不仅是产生推进力的重要环节,而且还可以产生一定的浮力使身体处于较高水平位置。臂部动作与腿部动作及呼吸有节奏地配合,以保持匀速前进。臂部动作由开始姿势、抓水、划水、收手、伸臂 5 个不可分割的阶段组成。

1. 开始姿势

在滑行基础上,两臂保持适当的紧张状态自然向前伸直,两臂与水面平行,掌心向下,手指自然并拢,使身体成一直线(见图 5-1-8)。

2. 抓水

在臂前伸滑行中开始抓水。抓水时两臂内旋并稍屈肘,两手向外侧斜下方分开,使前臂与掌心转向斜下方压水,当手掌和前臂感到有压力时,就开始划水(见图 5-1-9)。

图 5-1-8 开始姿势　　　　　　　　图 5-1-9 抓水

3. 划水

抓水过程中两臂分开约 40°～45°时,手腕开始逐渐弯曲,两臂两手逐渐积极做向侧后下方屈臂划水,动作轨迹是椭圆曲线。整个划水过程要求肘高于手,在手和臂内旋时开始屈肘,使手掌与前臂内侧转向侧下方,用力加速向后稍向内划水。在整个划水过程中,前臂与上臂的夹角是不断变化的,在划水的最有效阶段,前臂与上臂夹角接近90°(见图5-1-10)。

4. 收手

收手是由划水到向前伸臂的过渡动作,是划水的继续。当两前臂与上臂的夹角都接近90°时,手迅速由向内转向前,继而两手掌斜相对,逐渐向下由胸前向前伸出(见图5-1-11)。

图5-1-10 划水

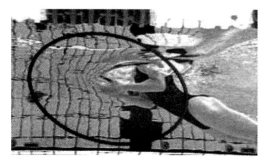

图5-1-11 收手

5. 伸臂

伸臂动作通过伸肩关节和伸肘关节完成,在收手快结束时,两肩开始向前伸展,两手靠拢掌心转向下方。

臂部动作的5个阶段紧密衔接,相互作用构成一个完整过程(见图5-1-12)。滑行为抓水做准备,抓水和收手是划臂的开始和继续,也属划水过程。而划水动作是推动身体前进的有效阶段,伸臂又与收手紧密相连。因此,臂部动作要连贯、及时、有节奏地进行。

图5-1-12 臂部连贯动作示意图

初学者往往因划臂过大而导致腿、臂配合脱节。因此,初学时不宜强调划臂时用力,着重体会划臂要领和路线,重视两臂前伸后并拢和滑行动作,防止边伸边划,造成划臂路线过短又破坏动作配合的协调性。

(四)呼吸与手臂的配合

蛙泳的呼吸方法有两种,一种是早吸气,一种是晚吸气。早吸气是两臂抓水时头和嘴露出水面,迅速做深吸气动作,继而随伸臂低头闭气,当两臂开始滑下时逐渐呼气。晚吸气是随着臂的有力划水动作,头和肩上升时吸气。有经验的受训者多采用晚吸气方法,因该方法能保持身体平衡,动作连贯,前进速度均匀,对提高成绩很有帮助。但晚吸气动作要求严格,吸气时间比较短促,一般初学者先从早吸气的方法开始为宜。

(五)完整(配合)技术

蛙泳完整动作是保证动作协调、连贯和速度均匀的关键。一般采用两臂同时划水一次、两腿蹬夹水一次、呼吸一次的方法来完成。配合时机:抓水和开始划水时,腿并拢伸直不动;划水开始时抬头吸气,两腿仍自然放松,收手时开始慢收腿;向前伸臂低头憋气,臂将伸直开始蹬夹腿,头仍在水中开始慢呼气;蹬夹水后臂、腿伸直并拢,使身体成流线形向前滑行,并继续呼气。

三、训练方法

蛙泳的教学训练方法一般分为陆上练习和水中练习。在练习中应仔细体会动作要领,并多加实践。训练原则是从易到难,从陆上到水中。

(一)熟悉水性训练

要注意对不会游泳者的水环境适应性训练,通常进行如下几个动作技能练习。

1. 水中呼吸

在浅水中,上体前倾,下颌接触水面,用嘴深吸气后闭气,脸部浸入水中,然后用嘴和鼻子在水中均匀地呼气,边呼边抬头;待嘴将露出水面时用力将气呼尽,紧接着张嘴深吸气(见图 5-1-13)。如此循环练习,直到自如为止。

图 5-1-13 水中呼吸

(1)水中闭气抬头练习。主要体会在水中闭气以及嘴鼻露出水面时的感觉。在齐胸深的水中,上体前倾,屈膝半蹲或两臂前伸浸入水中,头露出水面,低头使面部浸入水中齐发际,然后向前伸下颌使嘴露出水面。如此反复练习。

(2)水中憋气、呼气和抬头吸气练习。主要体会吸气后由憋气转入慢慢呼气再快吸气的节奏。方法是深吸一口气低头稍憋气后,用嘴和鼻子(以嘴为主)均匀呼气,边呼边抬头,在嘴出水面的同时用力将气呼完,接着张大嘴深吸气。海上训练时头出水面后,先睁眼后呼吸。

纵队练习时要求后面一名人员扶住前面一名人员的肩或腰部,横队练习时要求两列面对面,两人互相拉手进行练习,方便互相帮助,同时提高训练中的安全性。

2. 抱膝浮体

在浅水中吸足一口气,憋气下蹲,低头团体。两手抱住小腿,大腿尽量贴近胸腹,使身体自然浮起,待背部露出水面后将气均匀呼出,身体下沉,两手松开的同时做下压水动作,两脚站稳后,抬头成站立姿势(见图 5-1-14)。

图 5-1-14 抱膝浮体

3. 滑行

滑行包括蹬底滑行、蹬边滑行和协助滑行 3 种。主要体会人在水中运动时身体位置和动感,提高在游动中控制身体平衡的能力。

(1)蹬底滑行。在齐胸深水中,两脚前后站立,两手上举,深吸一口气后憋气,上体前倒。当头部浸入水中时前脚掌用力蹬底,随后两腿并拢,使身体伸展成流线形向前滑行(见图 5-1-15)。

(2)蹬边滑行。背靠边站立,深吸一口气,低头入水的同时将双手迅速前伸,两臂夹头,两脚用力蹬边使身体成流线形向前滑行,两腿并拢伸直(见图 5-1-16)。

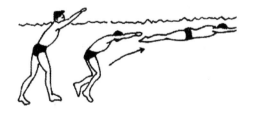

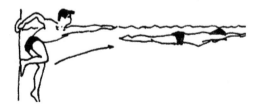

图 5-1-15 蹬底滑行　　　　　图 5-1-16 蹬边滑行

(3)协助滑行。受训者在蹬壁或蹬底滑行的基础上,由另一人协助使其继续滑行。开始前,协助者站在受训者前侧方 4 m~5 m 处,当受训者滑行到身前时,握其手腕用力前拉(拉后即松手),接着顺势一手移托其胸部(此时受训者应主动抬头换气),另一手移握其脚跟部用力推出(受训者不要屈腿),使其滑行得更远(见图 5-1-17)。

图 5-1-17 协助滑行

(4)二路纵队或多路纵队练习时,要求受训者由排头至排尾流水作业练习;横队练习时要求两人一组互相对应,一人练习一人保护。

练习时必须注意:①吸气、憋气和低头动作要连贯,蹬壁(地)时要用力。②滑行时自然挺胸微收腹,保持腹背肌适当紧张,两腿伸直并拢,使身体成最好的流线形。③滑行是熟悉水性训练的重点,要反复多练。

(二)腿部动作训练

在训练中抓住收腿、翻脚、蹬夹、滑行 4 个环节。要求在一个周期动作中,收腿要正确,翻脚要充分,蹬夹要连贯,滑行时身体要伸展;在节奏上强调收腿时要慢要放松,翻脚要快,蹬腿时要迅速有力。

1. 陆上模仿练习

坐在地上,两腿伸直并拢,上体稍向后仰,两手位于侧后方撑地,练习收腿、翻脚、蹬夹腿动作。先分解后连贯,练习时要求受训者自我检查动作是否正确。要求边收边分开,蹬夹结束时应注意腿伸直、并拢、放松,体会慢收快蹬的节奏感。此练习也可在岸边或坐凳子上进行。

2. 俯卧练习

俯卧在凳子或土堆上练习时(见图 5-1-18),髋关节位于土堆或凳端,练习收腿、翻脚、蹬夹腿动作。先分解后连贯。也可由他人协助练习(见图 5-1-19)。协助者站在受训者身后,两手掌朝上或朝下,以虎口对着受训者脚腕内侧握住,帮助受训者练习收、翻、蹬及脚腕向外转的动作。此练习重点体会收腿角度、翻脚动作和蹬腿路线的动感和节律。

图 5-1-18 俯卧练习

图 5-1-19 两人协助练习

3. 俯卧水中练习

两手抓池边或由他人协助(见图5-1-20)练习收腿、翻脚、蹬夹腿动作。按动作要领体会蹬夹水时大腿、小腿和脚内侧对水阻力的感觉。

4. 蹬边、蹬底滑行蹬腿练习

深吸气后在蹬边、蹬底滑行的基础上做蹬腿练习。

5. 扶浮板或其他浮物蹬腿练习

要求配合呼吸练习,距离适当增加。

腿部技术训练时,不管是分解还是连贯动作,都强调动作要领和节奏,尽快掌握弧形蹬夹水路线。认真体会,多实践,用动作要领指导练习,逐渐提高动作准确性(见图5-1-21)。

图5-1-20 两人协助练习

图5-1-21 扶浮板蹬腿练习

(三)臂部动作训练

1. 陆上模仿练习

两腿前后或左右分开站立,上体前倾,两臂前伸并拢,掌心向下,依次练习:①两手同时向侧后下方划水;②屈臂收手至颌下;③掌心斜相对,两手向前伸直并拢稍停(见图5-1-22)。先分解后连贯。

2. 他人协助练习

受训者站立或俯卧(如俯在木马上),双腿自然并拢,双手前伸,协助者站立前方,用手掌贴住受训者手掌练习动作(见图5-1-23)。练习时配合呼吸动作。

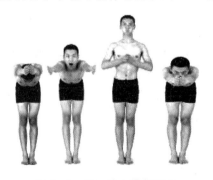
图5-1-22 陆上模仿练习

图5-1-23 他人协助练习

3. 水中原位体会练习

在齐腰深水中,两腿前后或左右分开站立,上体前倾,两臂按陆上模仿练习要求做臂部动作,体会划水路线与收手的动作。开始练习时不要用力,随着划臂路线熟练程度提高,稍用力划,借划水产生的作用力向前移动。逐渐加快划水速度和力量,体会水感。

4．夹浮板(或其他浮物)划臂练习

俯卧浅水中,用大腿夹住浮板(浮物)做划臂练习,练习时配合呼吸。

(四)蛙泳配合动作训练

1．陆上模仿练习

受训者在陆上根据动作要领,练习两臂和单腿及呼吸配合动作(见图5-1-24)。

图5-1-24　陆上模仿练习

2．浅水区他人协助练习

受训者俯卧水中,由协助者托其腰部按先分解后连贯进行蛙泳练习。

3．俯浮物练习

受训者俯在充气的救生圈(气不要充满)上做配合动作练习。

(五)背漂训练

背漂游泳辅助训练器材是由较结实的面料、背带缝制而成的囊袋,其结构类似于单人携行具,囊袋内放置矿泉水空瓶,根据受训者体重分为3瓶、5瓶、7瓶装背漂(见图5-1-25)。通常情况下男子使用5瓶装背漂,女子使用3瓶装背漂。背漂器材主要用于蛙泳初学者或武装游泳与武装泅渡初训阶段的教学训练。在教学中,根据受训者掌握游泳技术动作要领和能力状况,逐步减少背漂中的空瓶。

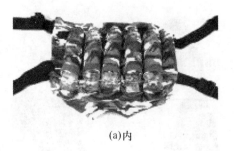 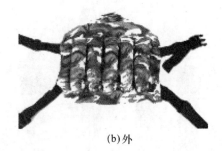

(a)内　　　　　　　　　　　(b)外

图5-1-25　背漂袋内外

背漂可穿戴在胸前和背后位置(见图5-1-26、图5-1-27)。主要优点:克服人体下沉,提高游泳教学的安全性;四肢活动自如,便于学习技术动作,缩短游泳教学进程;便于初学者水中抬头换气,消除恐惧心理;等等。

图 5-1-26　穿戴胸前　　　　　　　图 5-1-27　穿戴背后

1．俯卧漂浮练习

将背漂穿戴于背后，吸气后，低头入水屏气，双手夹紧双耳，双腿并拢伸直，身体自如俯卧于水中（见图 5-1-28）。

图 5-1-28　俯卧漂浮练习

2．仰卧漂浮练习

将背漂穿戴胸前，双手放于身体两侧，控制身体平衡，仰卧于水面（见图 5-1-29）。

图 5-1-29　仰卧漂浮练习

3．仰卧蹬腿练习

将背漂穿戴胸前，仰卧水中，双手夹紧双耳，脸部露于水面。做蛙泳腿的反蛙泳动作练习，呼吸自如（见图 5-1-30）。

4. 俯卧蹬腿练习

将背漂穿戴于背后,俯卧于水中,双手夹紧双耳,吸气后,低头入水逐渐呼气,同时做腿部动作练习,蹬腿结束后抬头换气(见图5-1-31)。

5. 俯卧划手练习

将背漂穿戴于背后,俯卧于水中,双腿夹紧并拢,手部做划水和呼吸的配合练习(见图5-1-32)。

图5-1-30 仰卧蹬腿练习　　图5-1-31 俯卧蹬腿练习

图5-1-32 俯卧划手练习

6. 俯卧配合练习

将背漂穿戴于背后,俯卧于水中,做手部和腿部以及呼吸的整体配合练习。

四、常见错误与纠正方法

(一)腿部

(1)头高腿低,造成髋关节和腿始终沉在水下;头低脚高,造成腿部蹬夹水出水面。纠正方法:要求低头,向下压胸和肩部;要求伸臂时往前上方,蹬腿往后下方。

(2)蹬腿时没有外翻动作,造成蹬夹水面小、效果差。纠正方法:陆上多做模仿练习。

(3)两腿收腿不对称,两腿或脚的动作没有同时进行,或位置有高有低。纠正方法:陆上多做模仿练习。

(4)收腿分膝过大,收腿时两膝未并拢,向外展开,收腿结束时,两膝在两脚外侧。纠正方法:采用夹板蛙泳腿练习来控制膝关节。

(5)大腿收得过多,使躯干和大腿之间成直角甚至锐角,导致臀部上翘,上下起伏。纠正方法:采用反蛙泳练习,膝关节不露出水面。

(6)收腿快,蹬腿也快,或者都太慢,最常见的是收腿太快。纠正方法:强调技术动作概念,用数数或者打拍子的形式来控制节奏。

(7)蹬夹脱节,在蹬腿后停顿夹水,影响效果。纠正方法:反复强调边蹬边夹水。

(8)不收大腿,小腿和脚露于水面,头部易下沉,吸气困难。纠正方法:陆上多做模仿练习,强调大腿前收,熟悉动作。

(二)手臂

(1)划水过长或直臂划水。纠正方法:明确概念,强调向外向内划水,没有向后划水的技术概念。

(2)平划水,划水时没有形成高肘划水动作,两臂平摸水,外划时肘比手宽。纠正方法:原地练习,用眼睛观察划水路线。

(3)划水后手臂伸向前下方,手臂前伸不充分,两手分开过大,造成阻力。纠正方法:陆上多做模仿练习,手臂前伸要求合掌,可进行水中跟踪练习,用手辅助,强调合掌前伸动作。

(4)手腿配合节奏不正确,同时划水与收腿、同时划水与蹬腿、同时伸臂与蹬腿、先蹬腿后伸臂等。纠正方法:陆上多做模仿练习,反复进行陆上俯卧式蛙泳配合练习,明确技术动作概念。

(5)划水和蹬腿结束后没有滑行动作,容易消耗体力,游不远。纠正方法:每次划水和蹬夹水结束后强行要求控制滑行,用手辅助,强调滑行动作。

五、训练注意事项

(1)要做到"四不下水"(即人数不清不下水、身体有病不下水、救生器材未带不下水、遇到恶劣气候不下水)和"四禁止"(即禁止水中嬉笑打闹、禁止在规定区域外游泳、禁止酒后下水、禁止单独下水),确保安全。

(2)蹬腿练习要注意动作的连贯性,防止膝关节内侧副韧带的拉伤。

(3)在配合练习中要注意呼吸与手臂动作的配合时机,减少喝水或呛水的情况。

(4)训练中要注意观察周围环境,防止水中碰撞、游偏等。

六、考核测试

(一)保障条件

游泳池或适宜水域、秒表、救生器材、记录台。着泳装。

(二)考核规则

(1)采用蛙泳动作不间断完成400 m(男)、200 m(女)游距,以完成时间计算成绩(精确到秒)。

(2)借助任何漂浮器材完成动作,或脚踩池底、手扶水线,不记录成绩。

(三)考核方法

(1)设计时员1名,检查员若干名,救生员4~6名。

(2)计时员发出"开始"信号后,受考者按要求完成规定距离。检查员负责一对一地检查受考者是否符合要求,并记录成绩。

(3)救生员负责安全保护。

第二节　800 m(女子 700 m)蛙泳(30 分钟计距游)

目的:增强身体综合素质,提高水中长时间和长距离游进能力。
要求:了解长距离游泳的训练作用,掌握正确的技术动作。

一、训练条件

游泳池或适宜水域、秒表、救生器材、漂浮器材。着泳装。

二、技术动作

身体姿势:头微抬,面部浸入水中,两臂紧夹头部,并拢伸直,目视前下方,微挺胸收腹,两腿伸直并拢。保持良好的流线形。

腿部动作:收腿要慢,翻脚要到位,蹬夹时逐步加力,由大腿发力,依靠外翻的脚弓和小腿内侧向后作迅速有力的弧形蹬夹。蹬夹完后要有滑行阶段。

臂部动作:要有抓水动作,注意划臂路线。屈臂划水不要过宽过大,不要超过肩的延长线。

完整动作:800 m(女子 700 m)蛙泳(30 分钟记距游)要求保证动作协调、有节奏、连贯和速度均匀,且在每个动作之间要有滑行,以便于机体的休息与调节。一般采用两臂同时划水一次、两腿蹬夹水一次、呼吸一次的方法来完成。30 分钟计距游通常采用蛙泳方式进行,也可采用其他泳姿作为游进中的调整或根据受训者自身情况交替游进。

三、训练方法

(一)第一阶段训练

首先掌握蛙泳技术动作,着重提高水性适应能力。训练内容包括呼吸、蛙泳分解技术练习(扶浮板蹬腿、夹浮板划臂)、蛙泳配合技术等。呼吸主要放在训练初期,要求动作熟练、连贯、流畅。扶板蹬腿和夹板划臂练习主要是纠正错误动作,练习时组训者可有针对性地对受训者单个动作进行纠正。蛙泳配合技术的训练应以短距离纠正动作为主。

(二)第二阶段训练

重点提高蛙泳技术的稳定性和游泳能力,可采用 50 m、100 m、200 m 或 400 m 等距离进行重复游。

(三)第三阶段训练

重点提高长游能力,可穿插进行一些短距离的臂部、腿部动作练习和配合练习。训练方法可采用计时计距游,如 1×30 min 计时计距游、3×10 min 计时计距游;也可采用计时游,如 2×400 m 计时游、2×500 m 计时游等。

四、保护与帮助

(1)尽量将技术动作差者分在靠近组训者的泳道,以利于技术改进和保护。

(2)组训者根据训练情况指定救生员。
(3)组训者应重点对技术动作差者进行讲解和纠正。

五、训练注意事项

(1)注意呼吸调整,前 200 m 左右呼吸调整顺畅了,对完成后面的距离有很大帮助。反之,会出现越游呼吸越困难的现象。
(2)在 800 m(女子 700 m)蛙泳和 30 分钟计距游的训练中,要保持速度均匀,不要时快时慢,影响全程游进节奏。
(3)组训者要教会受训者自救方法,在出现抽筋、呛水等情况时能及时进行自我处理。

六、考核测试

(一)保障条件

游泳池或适宜水域、秒表、记录台、救生器材、漂浮器材。着泳装。

(二)考核规则

(1)800 m(女子 700 m)蛙泳采用蛙泳动作不间断完成全程,以完成的时间计成绩(精确到秒);30 分钟计距游不限姿式游进,以 30 min 内完成的游距计算成绩。
(2)借助任何漂浮器材完成动作,或脚踩池底、手扶水线,不记录成绩。

(三)考核方法

(1)设计时员 1 名,检查员若干名,救生员 4~6 名。
(2)计时员发出"开始"信号后,受考者按要求完成规定距离。检查员负责一对一地检查受考者是否符合要求,并记录成绩。30 分钟计距游考核,在 30 min 结束时发出"停"的信号并停表,记录成绩。
(3)救生员负责安全保护。

第三节 爬绳(杆)

目的:增强上下肢力量,提高身体协调力和攀爬能力。
要求:了解爬绳(杆)的训练作用,掌握正确的技术动作。

一、训练条件

吊绳(杆)攀登场,绳(杆)直径约 0.04 m,下端不固定。攀登架高 7 m,在吊绳(杆)离地面垂直距离 1.7 m 处设一条起攀标志线。

二、技术动作

(一)两手攀登法

两手伸直握紧吊绳(杆),腿脚自然下垂,两手交替用力向上引体,攀至顶点(见图 5-3-1)。

(二)手脚配合攀登法

两手握住吊绳(杆),使身体悬起并稍提腿,吊绳(杆)位于两腿之间,用左(右)脚外侧和右(左)脚内侧夹住吊绳(杆),随着两脚踩蹬绳(杆),两手交替向上引体,攀至顶点(见图5-3-2)。

图5-3-1　两手攀登法　　　　图5-3-2　手脚配合

三、训练方法

(一)辅助练习

引体向上,肋木屈膝举腿,单杠悬垂,收腹举腿做卷踩绳练习。

(二)教学训练

通常采用难度递增训练法,可先固定吊绳(杆)下端,在他人协助下进行短距离训练,逐渐过渡到练习完整动作。强化引体向上辅助练习,增强前臂屈肌力量。

四、常见错误与纠正方法

两脚踩蹬吊绳(杆)动作不准确,与上肢引体动作配合不连贯。纠正方法:在较低位置处,在他人协助保护下反复体会练习。

五、保护与帮助

保护者站在吊绳(杆)一侧,要时刻注意观察,预防爬绳(杆)者脱手;在吊绳(杆)下方放置海绵垫,以缓冲落地,防止脱手摔伤。

六、训练注意事项

(1)训练前认真检查场地器材,充分做好准备活动。

(2)加强保护与帮助,多加强上肢力量和腰腹力量练习;训练强度应区别对待,循序渐进进行。

七、考核测试

(一)保障条件

吊绳(杆)攀登场,绳(杆)直径约0.04 m,下端不固定,设置1.7 m起攀线及5 m高度标志线,记录台。

(二)考核规则

(1)受考者面对绳(杆)站立,一手握住吊绳(杆)起攀标志线。听到"开始"信号后向上攀登(可采用两手攀登或手脚并用攀登),攀登高度为 5 m,攀登至绳(杆)顶部时,迅速用手触摸 5 m 标志处,再快速攀下,直至一手握住起攀标志线,松手落地为完成一次攀爬。

(2)当出现下列情况之一时,该次不予计数:开始攀登时,手没有握住吊绳(杆)的起攀标志线;攀至最高点时,手未触及 5 m 标志处即下攀;攀下时,手未触及起攀标志线即腾空落地;使用手套、护掌等护具进行攀登;借助他人或其他手段固定吊绳(杆)下端完成动作。

(3)次间休息超过 3 s,结束考核。

(三)考核方法

设记录员、安全员各 1 名。单个或分组进行考核,安全员负责安全保护,记录员负责记录受考者所完成的正确动作次数,以完成次数计算成绩。

第四节　实用攀登

目的:增强身体综合素质,提高攀爬能力。
要求:了解实用攀登的训练作用,掌握正确的技术动作。

一、训练条件

设置吊绳场地,攀登绳直径 1.8 cm,高度 10 m(或设置 10 m 高度标志线),末端不固定。

二、技术动作

两手上下抓握主绳,两臂引体的同时收腹举腿,两膝外旋,使攀登绳位于两腿之间,随即两脚左右交错,右(左)脚从左脚下勾踩绳于左(右)脚背内侧[见图 5-4-1(a)]。然后两腿向下蹬伸,待重心升起后两手顺势沿绳向上完成换握[见图 5-4-1(b)]。按此要领手脚协同配合,依次向上攀登。

图 5-4-1　实用攀登

三、训练方法

(一)要领归纳法

攀登技术的要领可归纳为五个字:收、剪、踩、蹬、换。收是指在跃起的同时迅速收腹收腿,其目的是提高身体重心,增大身体向上运动的幅度;剪是指小腿和双脚成剪刀状将主绳控制在两脚之间,目的是防止主绳左右晃动,脱离身体的控制,出现动作失误;踩是指将主绳控制在双脚之间,目的是防止身体下滑,给"蹬"一个借力点;蹬是指利用双腿的蹬力将身体向上伸展并跃起,给身体一个向上的惯性,以减少手臂的负荷;换是指在双腿蹬绳跃起的同时,两手迅速依次向上抓拉绳,以利于下一个动作的完成,增加身体向上的惯性。

(二)模拟练习法

受训者可仰卧地面,两名配合者在其上方牵拉绳索,协助其体会练习手脚协同配合动作要领。

(三)分解与完整练习法

可在单杠上固定攀登绳,受训者两手悬垂于单杠上,两脚利用攀登绳重点体会与练习收、剪、踩、蹬的动作要领。待其掌握要领后,再过渡到攀登绳上进行手脚协同配合的完整练习。

(四)减负法

对于上肢力量较弱者,可利用保护绳的牵引作用,帮助其完成动作,体会完整动作要领。

四、常见错误与纠正方法

(1)收腹过大或过小,过大容易造成臀部下坐,身体后仰,过小则攀爬幅度受限。纠正方法:利用辅助训练绳进行练习,每次收腿时两脚的高度应控制在腹前为宜。

(2)两脚卷踩绳容易失误,动作连贯性差。纠正方法:语言诱导法,反复强调向上收腿时,两膝尽量外旋,两脚沿纵轴向上收起,在尽量不破坏绳子平衡的前提下做两脚的收、剪、踩、蹬动作。

(3)下肢蹬伸无力,导致上肢负荷过大。纠正方法:注重下肢的蹬伸爆发力训练,强调踩蹬绳要领及腿部主动发力意识。

五、保护与帮助

主要采用顶绳保护的方法进行,2~3名保护者根据攀登者的需要控制好身体重心和拉绳的速度进行行进间保护。

六、训练注意事项

(1)训练前认真检查训练场地器材,训练过程中加强保护,消除安全隐患。

(2)训练时应先熟练掌握动作技术要领后再训练,训练强度应区别对待,循序渐进进行。

七、考核测试

(一)保障条件

攀登训练场、攀登绳、安全带、铁锁、记录台。

(二)考核规则

有下列情况之一者,取消考核成绩:

(1)开始前攀登者双脚或单脚离开地面。
(2)攀登过程中借助墙壁或保护绳等外力进行攀登。
(3)攀登过程中掉下装具。
(4)攀登过程中出现脱手,身体脱离绳索。

(三)考核方法

设安全员与计时员各1名。单个或分组进行考核,听到"开始"口令后,开始计时。当攀登者攀登至10 m高度并用手触及10 m标志线时停表,以完成时间计算成绩(精确到秒)。

第五节 垫上运动

目的:增强灵敏、柔韧素质,提高平衡与自我保护能力。
要求:了解垫上运动的训练作用,掌握正确的技术动作。

一、训练条件

平整场地、体操垫。着运动鞋。

二、队形与口令

见第四章第一节单杠引体向上。

三、技术动作

(一)前滚翻

由蹲立动作开始,两手体前撑地,重心前移至两手上,提臀,低头,屈臂,同时用力蹬地,顺势经后脑、肩、背着地向前滚动,身体保持团身滚动,成蹲立后起立(见图5-5-1)。

技术要点:提臀,同时低头屈臂。两脚蹬地后,两腿伸直,保持屈体姿势经背、腰、臀依次着地向前滚动。起肩跟上时,迅速抱腿起立。

动作规格:蹬地后腿要伸直,滚动圆滑,动作流畅。

(二)后滚翻

由蹲撑动作开始,含胸低头,快速后倒,团身经臀、腰、背、颈、后脑依次向后滚动,同时双手置于颈部两侧。当滚动至后脑着地时,臀部上翻,两手同时用力推离垫子成蹲撑动作后起立(见图5-5-2)。

图5-5-1 前滚翻

图5-5-2 后滚翻

技术要点:当背部着地时,积极翻臀。颈部着地时,尽量低头、夹肘,用力伸直两臂。
动作规格:团身紧,滚动圆滑,动作流畅。

(三)鱼跃前滚翻

由半蹲臂后举姿势开始,重心前移,两脚用力蹬地,同时两臂向前摆伸,两手撑地,顺势屈臂、低头,含胸稍屈髋向前滚动,随即团身、屈膝、抱腿,成蹲立后起立(见图5-5-3)。

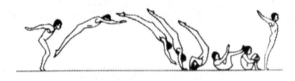

图5-5-3 鱼跃前滚翻

技术要点:跳起后,眼看前下方,身体保持含胸和稍屈髋姿势。屈臂缓冲,经肩、背、腰、臀依次着地。屈膝抱腿,紧跟上体,滚动起立。
动作规格:有明显腾空,滚动圆滑,动作流畅。

四、训练方法

(一)前滚翻

(1)仰卧团身前后滚动。
(2)在斜坡上由高向低做前滚翻。
(3)当滚翻至臀部着地时,保护者顺势托背助其成蹲立姿势。

(二)后滚翻

(1)蹲立,两手翻掌至耳侧做团身向后滚动。
(2)在斜面上,由高处往低处做后滚翻。
(3)保护者位于侧面,一手托肩,一于托臀,助其完成。

(三)鱼跃前滚翻

(1)练习两手远撑的前滚翻。
(2)设置软障碍物,在体操垫上做鱼跃前滚翻。
(3)助跑,做挺身鱼跃前滚翻。
(4)保护者一手托胸,一手托大腿,助其完成动作。

五、常见错误与纠正方法

(一)前滚翻

错误动作:滚翻前两腿蹬伸无力,滚翻后至蹲立前团身不紧,导致动作失败。
纠正方法:可采用语言提示强化动作要领,帮助受训者体会完成。

(二)后滚翻

错误动作:向后团身不紧,翻转速度不够,导致动作失败。
纠正方法:可采用语言提示强化动作要领,帮助受训者体会完成。

(三)鱼跃前滚翻

错误动作:鱼跃动作不够,没有明显腾空。
纠正方法:可在语言提示和保护帮助下循序渐进进行。

六、保护与帮助

在保护垫上进行训练。保护者根据不同的练习动作选用适当的保护方法,对受训者进行保护。

七、训练注意事项

(1)选择平整的场地,在体操垫上进行,注意做好准备活动,消除安全隐患。
(2)加强保护与帮助,多鼓励,使受训者增强完成动作的信心。
(3)根据受训者水平区别对待,循序渐进进行训练。

八、考核测试

(一)保障条件

平整场地、体操垫、记录台。

(二)考核规则

(1)受考者按动作规格完成动作。前滚翻、后滚翻和鱼跃前滚翻均及格者为优秀,前滚翻和后滚翻及格者为良好,前滚翻或后滚翻及格者为及格。
(2)以两名考核员一致认同的成绩为最终成绩,若三名考核员评定的成绩不一致,则取中间成绩。

(三)考核方法

设考核员3名。受考者在考核员发出"开始"信号后开始做动作。3名考核员同时评定成绩。

第六节 单杠3练习

目的:增强上肢、肩部、腰背肌群力量,提高身体平衡协调能力。
要求:了解单杠3练习的训练作用,掌握正确的技术动作。

一、训练条件

单杠(高 2～2.4 m)、松软沙地或体操垫、镁粉。着运动鞋。

二、队形与口令

见第四章第一节单杠引体向上。

准备姿势:受训者位于器械正下方,两脚屈膝并拢,前脚掌着地,两手向后侧张开,手掌心向后。

动作过程:准备姿势,跳起悬垂—立臂上—单腿摆越成骑撑—后倒挂腿上成骑撑—腿向后跨杠成正撑,弧形跳下。

1. 立臂上

(1)动作要领:直臂悬垂,两手用力屈臂拉杠至胸部时,左(右)手顺势向上迅速翻腕立肘,同时身体稍向右(左)转,含胸微收腹,重心移于左(右)臂。右(左)手翻腕立肘,身体稍向左(右)转,上体前倾,用力撑杠,两臂伸直成正撑(见图 5-6-1)。

图 5-6-1 立臂上

(2)保护与帮助:保护者站在杠下一侧,当受训者立不起臂时,两手扶其腿向上助力完成。

(3)练习方法。

1)模仿练习。原地站立,两臂上举,掌心向前,模仿做拉杠至胸部时,翻肘,转体和立臂动作(见图 5-6-2);

图 5-6-2 立臂上练习

2)屈臂握低杠或双杠(可利用脚蹬地),做翻肘转体和立臂动作。

(4)常见错误及纠正方法。

错误动作:转体过早或引体向上拉脱节,造成翻肘困难;翻肘、转体立臂时,收腹过大,臀部下沉,影响立臂上。

纠正方法：握低杠站立（肩略高于杠）体会翻、转、立的动作；在帮助下体会立臂上的动作。

2．单腿摆越成骑撑

(1)动作要领：上体右(左)移，右(左)臂支撑，左(右)手推离杠，同时左(右)腿向前摆越，左(右)手握杠成骑撑（见图5-6-3）。

图5-6-3　单腿摆越成骑撑

(2)重点：身体回摆过垂直部位后，臂和挂腿用力压杠的同时，另一腿向后上摆，两臂伸直成骑撑。

3．后倒挂腿上成骑撑

(1)动作要领：两臂撑杠，身体重心后移，微收腹屈臂，上体后倒，左(右)腿屈膝挂杠，右(左)腿向前上方送出。当身体后摆至臂部过杠下垂直部位时，两臂和左(右)腿用力压杠，右(左)腿后上摆，伸直臂成骑撑（见图5-6-4）。

图5-6-4　后倒挂腿上成骑撑

(2)保护与帮助：保护者站在摆动腿一侧，受训者挂腿上无法完成时，手托膝关节或小腿助力完成。

(3)练习方法：在低杠做屈膝挂杠悬垂摆动上（可多摆动几次），体会臂、腿压杠和后摆腿动作。

(4)常见错误及纠正方法。

错误动作:上体后倒时,挂腿不紧,收腹过大,前伸腿方向不正或过高、过低;回摆时,无后摆腿,屈臂拉杠,造成挂腿上有困难。

纠正方法:在杠前上方放一标志物(高低距离要适当),受训者后倒时目视标志物,将腿向标志物送出,体会正确的动作要领;在帮助下做后倒挂腿上练习。

4. 腿向后跨杠成正撑,弧形下

(1)重点、难点:弧形下。上体后倒,大腿、腹部靠杠,两腿向前上方举起伸出,肩过杠下垂直部位后,送髋、顶肩、直臂用力压杠。

(2)动作要领:左(右)手向内、右(左)手向外依次换握,身体重心右(左)移,左(右)腿向后跨杠成正撑。直臂撑杠,上体后倒,同时微收腹,腿向前上方举起。当肩部接近杠下垂直部位时,两手顺势向头后带杠,拉开肩角,使腿、髋部向前上方伸出,挥臂挺身下(见图5-6-5)。

图5-6-5 腿向后跨杠成正撑,弧形下

(3)保护与帮助:保护者站在杠下一侧,当受训者上体后倒时,手托其臀,推其肩部向前上方助力;落地时手扶其腰腹部,防止摔倒。

(4)练习方法。

1)手握低杠,脚用力蹬地,向后上方跳起的同时上体后倒,腿向前上方伸出,送髋,臂伸直,挺身下(亦可手握杠),反复体会(见图5-6-6)。

图5-6-6 腿向后跨杠成正撑,弧形下练习方法

2）在保护者帮助下做完整动作。
(5)常见错误及纠正方法。

错误动作：弧形后倒时，仰头挺身或屈臂，收腹过大，身体下掉；弧形下时，两腿前伸，送髋、直臂顶肩的动作不连贯、不协调，影响下法。

纠正方法：在杠前上方放一横杆（绳）或标志物（高低距离要适当），引导受训者将腿、臀部从横杆（绳）上或标志物方向送出，体会动作要领。

四、训练注意事项

(1)训练前认真检查器械，并充分做好准备活动。
(2)注意弧形跳下的保护，防止着地时身体直立，未屈膝缓冲而导致腰受伤。
(3)注重动作的衔接节奏。

五、考核测试

(一)保障条件

单杠、松软沙地或体操垫、镁粉、记录台。

(二)考核规则

(1)符合动作要领，动作娴熟连贯，整套动作流畅，落地稳定为优秀；整套动作完成较好，个别动作完成质量和连贯性稍差为良好；能独立完成完整动作为及格。
(2)受考者以 2 名考核员一致认同的成绩为最终成绩，如 3 名考核员评定的成绩不一致，取中间成绩。

(三)考核方法

设考核员 3 名，对受考者动作进行评分，记录评分结果。

第七节　单杠 4 练习

目的：增强上肢、肩部、腰背肌群力量，提高身体平衡协调能力。
要求：了解单杠 4 练习的训练作用，掌握正确的技术动作。

一、训练条件

单杠（高 2～2.4 m）、松软沙地或体操垫、镁粉。

二、队形与口令

见第四章第一节单杠引体向上。

三、技术动作与训练方法

准备姿势：受训者位于器械正下方，两脚屈膝并拢，前脚掌着地，两手向后侧张开，手掌心向后。

动作过程:准备姿势,悬垂摆动—挂腿上—骑撑前回环—杠上转体180°成正撑—弧形摆动后摆挺身下。

1. 悬垂摆动

(1)动作要领:跳起悬垂,两手用力屈臂拉杠,收腹举腿,上体后倒,将腿、臀部迅速向前上方送出,两臂向后带杠,拉出肩角,身体自然回摆(见图5-7-1)。

图5-7-1 悬垂摆动

(2)保护与帮助:保护者站在杠下一侧,当受训者举腿出浪时,手托臀部和推肩部向前上方助力;后摆时手托其腰腹部,防止脱手。

2. 挂腿上

(1)重点、难点:收腹举腿,穿杠屈膝挂腿。后摆腿,用力压杠,跟上体,两臂撑直。

(2)动作要领:前摆过垂直部位时,收腹举腿,一腿从两臂间穿过。当身体回摆时,穿杠腿用膝窝挂杠。身体摆过垂直部位后,摆动腿顺势用力向后上方摆,同时臂、腿用力压杠,跟上体,撑直臂,前伸腿成骑撑(见图5-7-2)。

图5-7-2 挂腿上

(3)保护与帮助:保护者站在受训者摆动腿一侧,挂腿上时,手托摆动腿助力完成。

(4)练习方法。

1)模仿练习。仰卧地面,两臂伸直上举,体会收腹举腿、穿杠屈膝挂腿的要领。

2)在低杠前放一纵木马(高低距离要适当),手握杠,一脚屈腿抵马头,一脚举起做穿杠挂腿上的动作。

3)在保护者帮助下做挂腿上。

(5)常见错误及纠正方法。

错误动作:穿杠时,仰头、挺身或穿腿过晚;屈膝挂腿时,屈臂拉杠,收腹过大或挂腿不到位(用小腿挂杠),腹部放松,摆动腿向下砸浪;挂腿上时,挂杠腿放松,屈臂拉杠,身体靠杠或压杠、后摆腿,跟上体的动作脱节。

纠正方法:仰卧地面,手握竹竿,在头上稍后举起,体会收腹举腿、穿杠挂腿的动作要领;在杠上做屈膝挂腿,悬垂摆动挂腿上,体会摆腿、压杠、跟上体的动作。

3.骑撑前回环

(1)重点、难点:两臂用力撑起身体,前腿抬起向前迈出,上体前倒回环。

(2)动作要领:两手反握杠,两臂伸直,撑起身体,前腿绷直抬起,向前迈出,后腿靠杠,上体前倒,目视前方。回环接近3/4周时,前腿伸、压杠,压臂跟上体,翻手腕成骑撑(见图5-7-3)。

图5-7-3　骑撑前回环

(3)练习方法。

1)模仿练习。原地立正站好,两臂伸直贴于体侧,拳心向前,一腿抬起(约90°)向前迈出,同时挺胸,上体前倒,脚着地成燕式平衡,体会抬迈、挺倒动作(见图5-7-4)。

图5-7-4　骑撑前回环练习法(1)

2)在低杠前放一纵木马(高低距离要适当),两臂用力撑起身体,前腿抬起向前迈出的同时,挺胸上体前倒,后大腿靠杠,脚踩在木马上,体会要领(见图5-7-5)。

图5-7-5　骑撑前回环练习法(2)

3)在帮助下做骑撑前回环。

(4)常见错误及纠正方法。

错误动作:上体前倒时,身体未撑起,含胸收腹,向下压腿;回环时,屈臂,收腹过大,臀部下沉或两腿用力夹杠,影响动作完成。

纠正方法:①在杠前放一标志物(高低距离要适当),引导受训者向标志物方向迈腿(尽可能触到物)和前倒;②在帮助下做回环动作。保护者站在受训者前腿一侧,将其腿向前上抬起,使其上体前倒,然后松手,让其回环。

4. 杠上转体180°成正撑

(1)重点、难点:以左(右)臂为轴向左(右)转体,身体保持挺直成正撑。

(2)动作要领:(以左转为例)由反握杠骑撑开始。左手靠近大腿握杠,重心移于左臂,右手松杠,上体稍向左后方倒。同时以左臂为轴向左转体,身体保持挺直,右腿过杠随身体转动向左腿靠拢,右手握杠成正撑(见图5-7-6)。

图5-7-6 杠上转体180°成正撑

(3)保护与帮助:保护者站在受训者前腿一侧,手扶其脚协助转体。

(4)练习方法:①在横木马上或低杠前放一木马,做骑撑转体180°成正撑,体会动作要领。②在帮助下做杠上转体成正撑。

(5)常见错误及纠正方法。

错误动作:转体时,上体后倒过多。含胸,身体放松或收腹过大,臀部下沉。

纠正方法:在杠上侧后方放一标志物,引导受训者上体向标志物后倒,转体,身体保持适度紧张。

5. 弧形摆动后摆挺身下

(1)重点、难点:直臂撑压杠,上体后倒,含胸微收腹,腿向前上方举起。腿向后上方摆,近终点时,手压杠,抬上体,挥臂挺身下。

(2)动作要领:直臂撑压杠,上体后倒,含胸微收腹,腿向前上方举起。当肩部接近杠下垂直部位时,两手向头后提杠,将腿向前上方送出,伸髋、扣腕,自然后摆。摆过杠下垂直部位时,两腿用力向后上方摆,接近终点时,手压杠,抬上体,挥臂挺身下(见图5-7-7)。

图 5-7-7 弧形摆动后摆挺身下

(3)保护与帮助:保护者站在杠下一侧,当受训者后倒出浪时,手托其臀和肩部向前上方助力;向后上方甩腿时,手托其腰腹部,防止脱手。

(4)练习方法。

1)先悬垂小摆动做后摆挺身下,然后逐渐加大摆幅,体会动作要领。

2)在低杠上做上体后倒,腿向前上方送出,伸髋、顶肩,向后摆动。

3)在保护帮助下做弧形摆动后摆挺身下。

(5)常见错误及纠正方法。

错误动作:弧形后倒时,屈臂、仰头、挺身,或收腹过大,臀部下掉,影响出浪;后摆时,肩角未拉开和加力过早;挺身下时,腿没有向后上方摆动,塌腰。

纠正方法:在低杠前放一标志物(高低距离适当),限制受训者上体后倒时,将腿向标志物蹬出,伸髋,直臂顶肩。

四、训练注意事项

(1)训练前认真检查器械,并做好充分的准备活动。

(2)挂腿上时,应借助身体后摆的回浪挂腿后摆。

(3)骑撑前回环时,双手向上撑起身体,上体向前压,完成身体回环。

五、考核测试

(一)保障条件

单杠、松软沙地或体操垫、镁粉、记录台。

(二)考核规则

(1)符合动作要领,动作娴熟连贯,整套动作流畅,落地稳定为优秀;整套动作完成较好,个别动作完成质量和连贯性稍差为良好;能独立完成完整动作为及格。

(2)受考者以两名考核员一致认同的成绩为最终成绩,如三名考核员评定的成绩不一致,取中间成绩。

(三)考核方法

设考核员3名,对受考者动作进行评分,记录评分结果。

第八节　单杠 5 练习

目的:增强上肢、肩部、腰背肌群力量,提高身体平衡能力与协调能力。
要求:了解单杠 5 练习的训练作用,掌握正确的技术动作。

一、训练条件

单杠(高 2～2.4 m)、松软沙地或体操垫、镁粉。

二、队形与口令

见第四章第一节单杠引体向上。

三、技术动作与训练方法

准备姿势:受训者位于器械正下方,两脚屈膝并拢,前脚掌着地,两手向后侧张开,手掌心向后。

动作过程:准备姿势,悬垂摆动—屈伸上—支撑向后回环—弧形后摆,交叉握前摆转体 90°挺身下。

1. 屈伸上

(1)重点、难点:两腿沿杠用力向前上方蹬出,两臂压杠,跟上体,腹部贴于杠上。腹部贴于杠上的同时,两腿迅速向后,两臂撑直。

(2)动作要领:悬垂摆动,前摆过杠下垂直部位后,沉肩,收腹举腿,脚面靠杠。当回摆肩至杠下垂直部位时,两腿沿杠用力向前上方摆出,同时两臂压杠,跟上体,两腿继续向后上摆起,撑直臂(见图 5-8-1)。

　(a)　　　　　　　　　　　(b)　　　　　　　　　　　(c)

图 5-8-1　屈伸上

(3)练习方法。

1)屈体仰卧地面,做屈伸起练习。受训者两侧各站一人拉住手,当腿向前上方蹬送伸髋时,用力拉手向上腾起,体会蹬送方向和伸压动作(见图 5-8-2)。

2)在低杠前放一纵木马(高低距离要适当),一脚屈腿抵马头,一腿小摆动做屈伸上(见图 5-8-3)。

3) 在保护帮助下做屈伸上练习。

图 5-8-2 屈伸上练习法(1)

图 5-8-3 屈伸上练习法(2)

(4) 常见错误及纠正方法。

错误动作：前摆至杠下收腹举腿时，肩角未拉开，仰头，挺身；腿举得过高或收腹举腿用力过猛导致脚打杠；前上蹬腿送髋时，蹬的方向过高、过低或屈臂拉杠，胸部碰杠，腿向下砸浪。

纠正方法：屈体仰卧地面，做向前上方蹬腿伸髋练习，体会蹬伸的方向。

2. 支撑向后回环

(1) 重点、难点：腹部下落近杠，上体后倒，两臂压杠，挺身向后回环。

(2) 动作要领：支撑后摆，当身体下落至腹部接近杠时，梗头，上体迅速后倒，腿前摆，稍屈髋，两臂用力压杠，使腹部紧贴杠回环。当回环至肩过杠下垂直部位时，制动腿，迅速抬上体，翻转手腕，挺身成正撑(见图 5-8-4)。

图 5-8-4 支撑向后回环

(3)保护与帮助:保护者站在杠下一侧,当受训者上体后倒回环时,手托其臀部,使腹部靠杠。回环至肩过杠下后,手托其肩,扶腿。

(4)练习方法。

1)在低杠上,用绳(带子)从腰部将身体固定好,做向后回环练习,体会动作要领;

2)在保护者帮助下做支撑向后回环。

(5)常见错误及纠正方法。

错误动作:回环时,上体无后倒,腹部离杠,身体向前滑下或屈体收腹大;回环3/4时,无向上带臂、转手腕和抬上体的动作,影响完成动作。

纠正方法:在低杠上练习,体会动作要领。

3. 弧形后摆,交叉握前摆转体90°挺身下

(1)重点、难点:交叉握前摆转体90°挺身下。

(2)动作要领:弧形后摆同单杠4挂腿上练习。后摆接近终点时,身体重心左(右)移,右(左)臂迅速在左(右)臂上交叉握杠,身体保持正直,顶开肩角前摆。摆过杠下垂直部位后,两臂夹紧,用力向左(右)前上方兜腿。接近终点时,向右(左)转体90°,同时右(左)臂伸直压杠,挥左(右)臂挺身下(见图5-8-5)

图5-8-5 弧形后摆,交叉握前摆转体90°挺身下

(3)保护与帮助:(以右转为例)保护者站在杠下左侧,当受训者向前上方兜腿时,手托其臀部向上助力,转体挺身下时,手扶其腰部防止摔倒。

(4)练习方法。

1)先做交叉握悬垂或交叉握悬垂摆动,体会交叉臂的动作要领;

2)做小摆动,交叉握前摆转体下,然后逐渐加大摆幅;

3)在保护者帮助下做完整动作练习。

(5)常见错误及纠正方法。

错误动作:交叉握前摆时,塌腰、挺胸、两臂弯曲、拉杠,肩部放松,影响前摆;前摆转体下时,转体过早、无兜腿动作或兜腿、转体、挥臂、挺身动作不连贯。

纠正方法:在杠前上方放一标志物(高低距离要适当),引导受训者向标志物兜腿(尽可能踢到标志物),体会兜、转、挥、挺的动作要领。

四、训练注意事项

(1)训练前认真检查器械,并充分做好准备运动。

(2)屈伸上的穿腿时机为身体回摆接近杠垂直位置。

(3)支撑向后回环时,双手压杠紧贴髋部。

五、考核测试

(一)保障条件

单杠、松软沙地或体操垫、镁粉、记录台。

(二)考核规则

(1)符合动作要领,动作娴熟连贯,整套动作流畅,落地稳定为优秀;整套动作完成较好,个别动作完成质量和连贯性稍差为良好;能独立完成完整动作为及格。

(2)受考者以 2 名考核员一致认同的成绩为最终成绩,如 3 名考核员评定的成绩不一致,取中间成绩。

(三)考核方法

设考核员 3 名,对受考者动作进行评分,记录评分结果。

第九节　双杠 3 练习

目的:增强上肢、肩部、腰背肌群力量,提高身体平衡能力与协调能力。
要求:了解双杠 3 练习的训练作用,掌握正确的技术动作。

一、训练条件

双杠(高 1.15～1.55 m,宽 0.42～0.50 m)、松软沙地或体操垫、镁粉。着运动鞋。

二、队形与口令

见第四章第一节单杠引体向上。

三、技术动作与训练方法

准备姿势:受训者从双杠前端进入双杠内约 1 m 处,两脚屈膝并拢,前脚掌着地,两手向后侧张开,手掌心向后。

动作过程:准备姿势,挂臂撑摆动,屈伸分腿坐杠—支撑摆动 1 次—前摆内转 90°下(见图 5-9-1)。

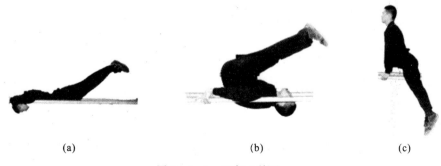

图 5-9-1　双杠 3 练习

续图 5-9-1 双杠 3 练习

1. 屈伸分腿坐杠

(1)重点、难点:分腿时,直臂压杠。跟上体,两臂伸直成分腿坐杠。

(2)动作要领:前摆过杠下垂直部位后,收腹举腿,臀部高出杠面,两臂伸直稍向内转成屈体挂臂撑。当臀部下落接近杠面时,迅速向两侧分腿,用力压杠,跟上体,臂伸直成分腿坐杠[见图 5-9-1(b)(c)]。

(3)保护与帮助:保护者站在受训者侧后方,当受训者屈伸分腿坐杠时,手从杠下推托其臀、背部向上助力,协助完成。

(4)练习方法。

1)模仿练习,仰卧地面做屈伸分腿坐起,体会分腿、压杠、跟上体、撑臂动作;

2)在斜杠上做屈伸分腿坐杠;

3)在帮助下做连贯动作练习。

(5)常见错误及纠正方法。

错误动作:收腹举腿时,仰头,挺胸,屈臂拉杠,造成臀部高出杠面;分腿坐杠时,过早或过晚,造成腿砸杠、掉臀和跟上体困难。

纠正方法:仰卧地面做屈伸分腿坐杠,体会分腿、直臂压杠和跟上体的动作。

2. 支撑摆动一次

(1)动作要领:由分腿坐杠开始。上体前倾,两手移握杠端用力向下撑杠,两腿内侧夹杠弹起,支撑前摆。前摆过垂直部位后,将腿、臀部向前上方送出,拉开肩角,伸展身体自然后摆。在后摆垂直部位后,腿用力向后上方摆起,同时两手向下撑杠,顶肩,身体伸直后摆[见图 5-9-1(d)~(f)]。

(2)保护与帮助:保护者站在受训者一侧,一手握手腕,一手从杠下推托其臀部,协助摆动。

(3)常见错误及纠正方法。

错误动作:手握杠,夹腿不一致;腿夹杠时,弯曲无力,屈臂塌腰,造成腿进杠困难;前摆收腹过大或用力时机不当。

纠正方法:在杠上连续做手撑杠夹腿支撑前摆练习,体会动作要领。

3. 前摆内转 90°下

(1)重点、难点:向侧前上方摆腿,推杠移重心,挥臂,转体,挺身下。

(2)动作要领:支撑前摆过垂直部位后,两腿用力向右(左)前上方摆,同时左(右)手用力向下推杠,身体重心移于右(左)臂,顶肩,向右(左)转体 90°,撑臂挺身下[见图 5-9-1(g)]。

(4)练习方法。

1)模仿练习,仰撑地面(可垫高脚)做转体动作,体会推、移、挥、转、挺的要领(见图 5-9-2);

2)低杠上先做小摆动转体下,然后逐渐加大摆幅;

3)在保护者帮助下做前摆转体下。

图 5-9-2　前摆内转 90°下辅助练习

(5)常见错误及纠正方法。

错误动作:前摆兜腿过早,收腹、屈臂,身体向前滑;转体时,无推、移、挥、挺动作,影响下法。

纠正方法:在下杠的异侧前上方放一标志物,引导受训者向标志物兜腿时,推移、挥转下练习。

四、训练注意事项

(1)训练前认真检查场地器材,并充分做好准备运动。

(2)屈伸分腿坐杠时,收腹举腿力量不宜过大,以防身体后翻。

(3)前摆内转 90°下,转体时应以脚尖带动身体转动。

五、考核测试

(一)保障条件

双杠、松软沙地或体操垫、镁粉、记录台。

(二)考核规则

(1)符合动作要领,动作娴熟连贯,整套动作流畅,落地稳定为优秀;整套动作完成较好,个别动作完成质量和连贯性稍差为良好;能独立完成完整动作为及格。

(2)受考者以 2 名考核员一致认同的成绩为最终成绩,如 3 名考核员评定的成绩不一致,取中间成绩。

(三)考核方法

设考核员 3 名,对受考者动作进行评分,记录评分结果。

第十节 双杠 4 练习

目的:增强上肢、肩部、腰背肌群力量,提高身体平衡能力与协调能力。
要求:了解双杠 4 练习的训练作用,掌握正确的技术动作。

一、训练条件

双杠(高 1.15～1.55 m,宽 0.42～0.50 m)、松软沙地或体操垫、镁粉。着运动鞋。

二、队形与口令

见第四章第一节单杠引体向上。

三、技术动作与训练方法

准备姿势:受训者从双杠后端进入双杠内约 1 m 处,两脚屈膝并拢,前脚掌着地,两手向后侧张开,手掌心向后。

动作过程:准备姿势,跳起挂臂撑,立臂上—直角支撑(停止 3 s)成分腿坐杠—挂臂撑前摆屈伸上接支撑后摆—前摆转体 90°下。

1. 立臂上

(1)重点、难点:两臂用力压杠,翻肘立臂,跟肩,两臂伸直。

(2)动作要领:走进杠内约 0.8 m 处,跳起挂臂撑,两肩稍下沉,两臂迅速用力压杠夹肘,拉杠翻肘立臂,跟上体撑直臂(见图 5-10-1)。

(3)保护与帮助:保护者站在受训者侧后方,当立臂上力量不足时,手扶其腿向上助力协助完成。

(4)练习方法。

1)低杠上做立臂动作(脚可蹬地),体会压杠、翻肘、立臂和跟肩动作要领;

2)在帮助下做立臂上练习。

(5)常见错误及纠正方法。

错误动作:沉肩、压杠、翻肘、立臂,与肩动作不协调,不连贯;立臂上时,两臂用力拉杠,造成身体向前滑。

纠正方法:在斜杠上(面向低端)做立臂上练习(见图 5-10-2)。

图 5-10-1 立臂上　　　　图 5-10-2 立臂上易犯错误的纠正方法

2. 直角支撑(停止 3 s)成分腿坐杠

(1)动作要领:由直臂支撑开始。上体稍向后倾,两臂向合,收腹举腿成直角支撑(见图 5-10-3)。

图 5-10-3　直角支撑

(2)保护与帮助:保护者站在受训者一侧,手托其脚向上助力完成。

(3)常见错误及纠正方法。

错误动作:身体前倾过大,提臂,两臂外张,影响直角支撑完成。

纠正方法:在杠上做挂臂收腹举腿成直角练习;在协助下做直角支撑练习。

3. 挂臂撑前摆屈伸上接支撑后摆

(1)重点、难点:两腿向前上方蹬出,展髋,两臂伸直压杠,跟上体成直臂撑。屈伸上接支撑后摆动作。

(2)动作要领:由分腿坐杠开始。两手向前移握杠,上体前倒,并腿成挂臂撑前摆,摆过杠下垂直部位后,收腹举腿,臀部高出杠面,两臂伸直稍向内转,腿迅速向前上方伸出,展髋,同时两臂压杠,跟上体成直臂支撑向后摆动(见图 5-10-4)。

图 5-10-4　挂臂撑前摆屈伸上接支撑后摆

(3)保护与帮助:保护者站在受训者一侧,当受训者屈伸上时,手由杠下托其臀部或背部向前上方助力,完成后,手立即收回。

(4)练习方法。

1)杠上放块体操垫,面向垫子成屈体挂臂撑,连续做屈伸上坐撑,体会动作要领(见图5-10-5)。

图5-10-5 挂臂撑前摆屈伸上接支撑后摆教法(1)

2)在斜杠上先小摆动做屈伸上,体会接支撑后摆,然后逐渐加大摆幅(见图5-10-6)。

图5-10-6 挂臂撑前摆屈伸上接支撑后摆教法(2)

3)在保护者帮助下做连贯动作练习。

(5)常见错误及纠正方法。

错误动作:伸腿方向过高、过低或屈臂拉杠,腹部放松,腿向下打;屈伸上时,伸、送、压、跟、撑动作不连贯。

纠正方法:在地面成屈体仰卧,连续做伸腿、送臀动作;在杠的一端放块体操垫,当挂臂撑前摆成屈体时,迅速将体操垫推到近臀部,做屈伸上坐撑(见图5-10-7)。

(a) (b)

图5-10-7 挂臂撑前摆屈伸上接支撑后摆的纠正方法

4. 前摆转体90°下

(1)重点、难点:腿向侧上方摆起,推杠挥臂,转体下。

(2)动作要领:支撑前摆过垂直部位后,两腿向右(左)上方摆起,右(左)手推杠挥臂,同时向左(右)转体90°,左(右)手用力推杠,两手迅速握右(左)杠,身体自然伸展下(见图5-10-8)。

图 5-10-8 前摆转体 90°下

(3)保护与帮助:保护者站在受训者下杠一侧,当受训者向前上方摆腿时,一手从杠下托其髋部向上助力,协助转体,然后两手扶其腰部落地。

(4)练习方法。

1)模仿练习,在低杠内侧站立,两手握杠,脚蹬地,臂用力撑杠,腿向侧上方摆起转体 90°下,体会摆、推、转动作;

2)先做小摆动转体下,然后逐渐加大摆幅;

3)在保护者帮助下做前摆转体 90°下。

(5)常见错误及纠正方法。

错误动作:前上摆腿时,抬头、挺胸、肩后倒;转体下时,收腹过大,臂弯曲或推杠,转体动作不协调或脱节。

纠正方法:在下杠一侧前上方放一标志物,引导受训者向标志物方向摆腿、推杠,转体 90°下。

四、训练注意事项

(1)训练前认真检查器械,并充分做好准备运动。

(2)挂臂前摆屈伸上时,应向上伸腿,防止向下打腿。

(3)前摆转体 90°下时,身体重心移至支撑臂上。

五、考核测试

(一)保障条件

双杠、松软沙地或体操垫、镁粉、记录台。

(二)考核规则

(1)符合动作要领,动作娴熟连贯,整套动作流畅,落地稳定为优秀;整套动作完成较好,个别动作完成质量和连贯性稍差为良好;能独立完成完整动作为及格。

(2)受考者以 2 名考核员一致认同的成绩为最终成绩,如 3 名考核员评定的成绩不一致,取中间成绩。

(三)考核方法

设考核员 3 名,对受考者动作进行评分,记录评分结果。

第十一节 双杠 5 练习

目的:增强上肢、肩部、腰背肌群力量,提高身体平衡能力与协调能力。
要求:了解双杠 5 练习的训练作用,掌握正确的技术动作。

一、训练条件

双杠(高 1.15～1.55 m,宽 0.42～0.50 m)、松软沙地或体操垫、镁粉。着运动鞋。

二、队形与口令

见第四章第一节单杠引体向上。

三、技术动作与训练方法

准备姿势:受训者从双杠后端进入双杠内约 0.7～0.8 m 处,两脚屈膝并拢,前脚掌着地,两手向后侧张开,手掌心向后。

动作过程:准备姿势,挂臂摆动,前摆上—肩倒立(停止 3 s)—屈体前滚成分腿坐杠—两手前握杠,并腿前摆—后摆挺身下(见图 5-11-1)。

图 5-11-1 双杠 5 练习

1. 前摆上

(1)重点、难点:前摆过垂直部位后,迅速向前上方踢腿,两臂用力压杠,急振上体成支撑。前摆上接支撑后摆。

(2)动作要领:跳起挂臂撑摆动,前摆过垂直部位后,迅速向前上方猛力踢腿,同时两臂用力压杠,含胸,急振上体成支撑[见图5-11-1(a)(b)]。

(3)保护与帮助:保护者站在受训者一侧,当受训者前摆上时,手从杠下托其臀部迅速向前上方助力,完成后,手立即收回。

(4)练习方法。

1)在中低杠由挂臂撑开始,做一腿前摆,一脚蹬地前摆上,体会摆、压、振动作要领[见图5-11-2(a)];

2)斜杠上先小摆动做前摆上,然后逐渐加大摆幅[见图5-11-2(b)];

3)在保护者帮助下做前摆上练习。

(a)　　　　　　　　　　　　(b)

图5-11-2　前摆上练习法

(5)常见错误及纠正方法。

错误动作:前摆踢腿过早或过晚,抬头、挺身和屈臂、收腹过大;前摆上时,踢腿、压杠、振上体动作不连贯。

纠正方法:杠前上方放一标志物(高低距离适当),引导受训者向标志物做前摆踢腿练习。

2. 肩倒立(停止3 s)

(1)重点、难点:两腿后摆,两臂弯曲,上体前倒肩着杠,两肘外张,抬头挺身。

(2)动作要领:由支撑后摆开始。两腿后摆过肩水平部位后,两臂弯屈,肩部前移,当上体前倒肩着杠的同时两肘外张,抬头,挺身成肩倒立[见图5-11-1(c)]。

(3)保护与帮助:保护者站在受训者一侧,当受训者后摆成肩倒立时,一手扶其腰腹部,一手从杠下托肩,协助完成,防止摔下。

(4)练习方法。

1)在地上做头手倒立或倒立架上做肩倒立,体会倒立要领(见图5-11-3);

2)在低杠上先做小摆动接肩倒立(见图5-11-4);

3)在保护者帮助下做支撑后摆肩倒立。

图 5-11-3　肩倒立练习法(1)　　　　　图 5-11-4　肩倒立练习法(2)

(5)常见错误及纠正方法。

错误动作:①支撑后摆屈臂过早或过晚,影响上体前倒动作;②前倒肩着杠时,低头(勾头),两臂内夹,收腹,漏肩或身体前翻。

纠正方法:①在地上协助做头手倒立或倒立架、低杠上做肩倒立;②在低双杠上协助做摆动接肩倒立,体会肩着杠、张臂动作要领。

3. 屈体前滚成分腿坐杠

(1)重点、难点:低头、收腹、屈体,重心前移,两手前握杠成屈体挂臂撑。

(2)动作要领:由肩倒立开始。低头(眼看腹部)收腹屈体,重心前移,两手向前移握杠成屈体挂臂撑。分腿坐杠同双杠3练习法[见图5-11-1(e)(f)]。

(3)保护与帮助:保护者站在受训者一侧,当受训者屈体前滚时,手从杠下托其臀、背部向上助力。

(4)练习方法。

1)低杠上由肩倒立开始,做屈体前滚成分腿坐杠;

2)在保护者帮助下做完整动作练习。

(5)常见错误及纠正方法。

错误动作:收腹屈体时,仰头,挺胸,臀部下沉;屈体前滚时,手前移握杠过晚或屈臂,腹部放松,腿砸杠,影响分腿坐杠。

纠正方法:在地上做屈体前滚或倒立接屈体前滚成分腿坐杠。

4. 支撑前摆

(1)动作要领:由分腿坐杠开始。上体前倾,两手前移握杠,用力向下撑杠,身体挺直,两腿内侧夹杠弹起,并腿前摆[见图5-11-1(g)(h)]。

(2)保护与帮助:保护者站在受训者一侧,一手握小臂,一手从杠下托其腿部,协助前摆。

5. 后摆挺身下

(1)重点、难点:两腿后摆,重心侧移,顶肩,推手换握杠,挥臂挺身下。

(2)动作要领:后摆过垂直部位后,腿用力向后上方摆起,身体重心向右(左)移,接近终点时,顶肩、手推杠,同时左(右)手迅速换握右(左)杠,右(左)臂向侧上挥挺身下[见图5-11-1(i)]。

(3)保护与帮助:保护者站在受训者下杠一侧,当受训者后摆腿时,手从杠下托其腹部向上,助力完成动作。

(4)练习方法。

1)俯撑或双脚垫高做推手移重心,顶肩成单臂撑动作(见图5-11-5);

2)在保护者帮助下,先小幅度摆动做后摆挺身下,然后逐渐加大摆幅。

图5-11-5　后摆挺身下练习法

(5)常见错误及纠正方法。

错误动作:后摆用力过早或过晚,影响推手换握杠动作;挺身下重心侧移过大或过小,造成出杠、顶肩、单臂撑困难。

纠正方法:在杠上,左(右)脚踩在右(左)杠上,右(左)腿向后上摆时,左(右)脚用力蹬杠并向上摆起,左(右)手换握右(左)杠,顶肩,挺身下(见图5-11-6)。

图5-11-6　后摆挺身下错误动作的纠正方法

四、训练注意事项

(1)训练前认真检查器械,并充分做好准备活动。

(2)屈体前滚成分腿坐杠,屈体慢,分腿快,以防重心不稳。

五、考核测试

(一)保障条件

双杠、松软沙地或体操垫、镁粉、记录台。

(二)考核规则

(1)符合动作要领,动作娴熟连贯,整套动作流畅,落地稳定为优秀;整套动作完成较好,个别动作完成质量和连贯性稍差为良好;能独立完成完整动作为及格。

(2)受考者以2名考核员一致认同的成绩为最终成绩,如3名考核员评定的成绩不一致,取中间成绩。

(三)考核方法

设考核员3名,对受考者动作进行评分,记录评分结果。

第十二节　木马1练习

目的:增强上肢、肩部、腰背肌群力量及弹跳力,提高身体平衡协调能力。
要求:了解木马1练习的训练作用,掌握正确的技术动作。

一、训练条件

木马(高1.2~1.35 m)、踏跳板(距离木马1~1.5 m)、体操垫或沙坑、镁粉。着运动鞋。

二、队形与口令

见第四章第一节单杠引体向上。

三、技术动作

助跑时用前脚掌着地,逐渐加快速度,跑至距离踏跳板约一大步时,以有力的脚蹬地,两脚同时迅速踏板(以前脚掌过渡到全脚掌),主动蹬板起跳(脚跟过渡到脚尖离板),两臂伸直向前下撑马,同时提臂,两腿屈膝靠胸,手推马后腿前伸,上体振起,挥臂挺身下(见图5-12-1)。

图5-12-1　屈腿腾越横木马

四、训练方法

(一)辅助练习

(1)并腿起跳与踏板起跳,仰卧支撑屈腿与分腿,屈腿与分腿支撑跳上木马与挺身跳下,或降低难度由俯卧撑开始做屈膝靠胸成蹲撑和推手跳起(见图5-12-2)。

图5-12-2　屈腿腾越横木马辅助练习

(2)上板与踏跳动作练习:模仿练习,走两步后,当走第三步的同时双脚踏地跳起,两臂前上摆(略高于肩);助跑5~7步做上板练习,体会单脚起跳,双脚踏板动作;踏跳练习,将跳板放至离墙约0.4 m处或沙坑边,结合助跑、上板做踏跳练习。

(二)分解练习

起跳撑马后马上蹲立,然后上体抬起,挺身跳下(图8-12-3)。

图5-12-3　屈腿腾越横木马分解练习

(三)完整动作练习

在保护者帮助下进行完整动作练习。

五、常见错误与纠正方法

错误动作:踏板时,全脚掌着板或下蹲;起跳后,臀部提得高,上体前冲,造成屈膝靠胸困难;推手慢,影响完成动作或挺身跳下。

纠正方法:①做推手练习。面向墙距离0.8 m处站立,臂伸直主动撑墙,立即做推手、顶肩、挥臂练习。②在协助下做过马、推手、挺身动作练习。保护者骑在木马一端面向受训者,当受训者撑马时,一手扶大臂,一手推托臀部向前上方助力,或用"信号""口令"提示,助其完成推手、过马、挺身动作(见图5-12-4)。

图5-12-4　错误动作的纠正方法

六、保护与帮助

保护者站在木马前侧,当受训者推手后身体失去平衡或脚碰马摔下时,两手迅速托其胸腹部。

七、训练注意事项

(1)训练前认真检查场地器材,并充分做好准备活动。
(2)重点解决好上板和踏跳动作。
(3)加强保护与帮助,防止伤害事故的发生。

八、考核测试

(一)保障条件

木马、松软沙地或体操垫、镁粉、记录台。

(二)考核规则

(1)符合动作要领,动作娴熟、连贯、流畅,落地稳定为优秀;动作完成较好,身体姿态稍差为良好;能完成但动作姿态较差为及格。
(2)受考者以 2 名考核员一致认同的成绩为最终成绩,如 3 名考核员评定的成绩不一致,取中间成绩。

(三)考核方法

设考核员 3 名,对受考者动作进行评分,记录评分结果。

第十三节　木马 2 练习

目的:增强上肢、肩部、腰背肌群力量及弹跳力,提高身体平衡能力与协调能力。
要求:了解木马 2 练习的训练作用,掌握正确的技术动作。

一、训练条件

木马(高 1.2～1.35 m)、踏跳板(距离木马 1～1.5 m)、体操垫或松软沙地、镁粉。着运动鞋。

二、队形与口令

见第四章第一节单杠引体向上。

三、技术动作

助跑、踏板、起跳要领同屈腿腾越。起跳后积极向前上方腾起,两臂主动前伸撑木马,用力顶肩推手,同时收腹,臀部向上提起,腿向两侧分开。手推离木马后,上体急振,向上抬起,展髋挺身,并腿落地(见图 5-13-1)。

图 5-13-1　分腿腾越横木马

四、训练方法

(一)辅助练习

俯撑,两脚用力蹬地,腿向后上方摆起,推手,身体向上腾起,体会动作要领[见图 5-13-2(a)]。

(二)分解练习

起跳撑马后成马上蹲立,然后上体抬起,挺身跳下[见图 5-13-2(b)]。

(a)　　　　　　　　　　(b)

图 5-13-2　分腿腾越横木马练习方法

(三)完整动作练习

在保护者帮助下进行完整动作练习。

五、常见错误与纠正方法

错误动作:手撑木马时,提臀过高,肩前下冲或提臀过小,造成分腿过木马困难;手推离木马过晚或无力,影响挺身落地动作。

纠正方法:跳高垫子练习,体会提臀、收腹、分腿动作要领;用"信号""口令"提示,做提臀、收腹、分腿、推手、挺身下的动作。

六、保护与帮助

保护者站在木马侧前方,在受训者推手后,上体抬不起或因手滑身体向前冲时,手托其胸部或扶其腰腹部,防止摔倒。

七、训练注意事项

(1)训练前认真检查场地器材,并充分做好准备活动。

(2)多用分解法重点解决好踏跳、顶肩推手和分腿展髋动作。
(3)加强保护与帮助,防止伤害事故的发生。

八、考核测试

(一)保障条件

木马、松软沙地或体操垫、镁粉、记录台。

(二)考核规则

(1)符合动作要领,动作娴熟、连贯、流畅,落地稳定为优秀;动作完成较好,身体姿态稍差为良好;能完成但动作姿态较差为及格。

(2)受考者以 2 名考核员一致认同的成绩为最终成绩,如 3 名考核员评定的成绩不一致,取中间成绩。

(三)考核方法

设考核员 3 名,对受考者动作进行评分,记录评分结果。

第十四节　木马 3 练习

目的:增强上肢、肩部、腰背肌群力量及弹跳力,提高身体平衡能力与协调能力。
要求:了解木马 3 练习的训练作用,掌握正确的技术动作。

一、训练条件

制式木马(高 1.2～1.35 m)、踏跳板(距离木马 1～1.5 m)、体操垫或松软沙地、镁粉。

二、队形与口令

见第四章第一节单杠引体向上。

三、技术动作

助跑距离一般为 15～20 m,快速助跑,两腿积极主动地踏跳,抬臂含胸,微屈髋,身体向前上方腾起。同时两臂前伸,分腿后摆,手撑木马的远端,猛力推木马顶肩(掌根着力),微屈髋,手推离木马后,身体向前上方腾起,挥臂挺身,并腿落地(见图 5-14-1)。

图 5-14-1　分腿腾越纵木马

四、训练方法

(一)辅助练习

并腿起跳与踏板起跳,仰卧支撑屈腿与分腿、屈腿与分腿支撑跳上木马与挺身跳下等。

(二)分解动作练习

(1)俯撑,两脚用力蹬地,腿向后上方摆起,推手,身体向上腾起,体会动作要领(见图 5-14-2)。

图 5-14-2 分腿腾越纵木马练习法(1)

(2)摆腿练习。保护者站在跳板前背向马成半蹲立,当受训者腾起时,手扶托其腰髋部或站在跳板侧前方,手托其腹、腿部向上助力(见图 5-14-3)。

图 5-14-3 分腿腾越纵木马练习法(2)

(三)完整动作练习

在保护者帮助下进行完整动作练习。

五、常见错误与纠正方法

错误动作:踏跳时,挺腹前冲或身体前倾过大;手撑木马时,屈臂,上体前冲,收腹,坐在木马上;下马时,手推离木马过晚或无力,影响挺身跳下。

纠正方法:跳高垫子练习,体会后摆腿,推手动作;俯撑木马做分腿下或在帮助下做分腿下。保护者站在木马前面向受训者,当推手时,手扶托其大臂或腋窝向前上方助力成分腿下(见图 5-14-4)。

图 5-14-4 分腿腾越纵木马错误动作的纠正方法

六、保护与帮助

保护者站在木马侧前方,在受训者推手后,上体抬不起或因手滑身体向前冲时,手托其胸部或扶其腰腹部,防止摔倒。

七、训练注意事项

(1)训练前认真检查场地器材,并充分做好准备活动。
(2)多用语言提示法,使受训者两腿主动踏跳,身体向前上方腾起,两臂前伸,腿后摆,手撑木马;两手短促有力推离木马后,身体迅速向前上方腾起,挥臂挺身。
(3)加强保护与帮助,防止伤害事故的发生。

八、考核测试

(一)保障条件

制式木马、松软沙地或体操垫、镁粉、记录台。着装各单位自行统一。

(二)考核规则

(1)符合动作要领,动作娴熟、连贯、流畅,落地稳定为优秀;动作完成较好,身体姿态稍差为良好;能完成但动作姿态较差为及格。
(2)受考者以两名考核员一致认同的成绩为最终成绩,如三名考核员评定的成绩不一致,取中间成绩。

(三)考核方法

设考核员3名,对受考者动作进行评分,记录评分结果。

第十五节 山羊1练习

目的:增强上肢、肩部、腰背肌群力量及弹跳力,提高身体平衡能力与协调能力。
要求:了解山羊1练习的训练作用,掌握正确的技术动作。

一、训练条件

制式山羊(高1~1.3 m)、踏跳板(距离山羊1~1.3 m)、体操垫或松软沙地、镁粉。

二、队形与口令

见第四章第一节单杠引体向上。

三、技术动作

中速助跑,踏跳后两臂迅速前伸,同时含胸提臀,即为第一腾空;双手主动支撑山羊,同时顶双肩推离山羊,两腿向两侧分开并下压制动,即为第二腾空;两臂顺势上举,梗头,迅速伸展身体并腿落地(见图 5-15-1)。

图 5-15-1　山羊 1

四、训练方法

(一)辅助练习

(1)在地面做起跳练习与踏板起跳练习。
(2)做对墙顶肩动作练习和跳起对墙顶肩动作练习。
(3)做撑后摆推起成分腿支撑练习。
(4)在山羊上做挺身跳下练习。

(二)完整动作练习

(1)近距离低山羊完整动作练习。
(2)远距离高山羊完整动作练习。

五、常见错误与纠正方法

(1)起跳不充分。纠正方法:可缩短起跳距离和降低山羊高度,使受训者逐步克服畏惧心理,树立完成动作的信心。
(2)推手无力。纠正方法:可借助墙壁做直臂顶肩推手练习,体会发力要领。

六、保护与帮助

受训者体重较轻时,可安排 1 名保护者,位于山羊前侧方,练习时扶握受训者上臂,助其抬起上体。受训者体重较重时,可安排 2 名保护者,位于山羊两侧前方保护。

七、训练注意事项

(1)训练前认真检查场地器材,并充分做好准备活动。
(2)重点解决上板和踏跳动作。
(3)加强保护与帮助,防止伤害事故的发生。

八、考核测试

(一)保障条件

制式山羊、踏跳板、体操垫或松软沙地、镁粉、记录台。着装各单位自行统一。

(二)考核规则

(1)符合动作要领,两个腾空明显,动作娴熟、连贯、流畅,落地稳定为优秀;整套动作完成较好,个别动作完成质量和连贯性稍差为良好;能独立完成整套动作,但动作质量较差为及格。

(2)设 2 名考核员时,以 2 名考核员的平均分数为最终成绩。设 3 名考核员时,以中间分数为最终成绩。

(三)考核方法

设考核员 2~3 人,从不同的角度对受考者完成的动作质量进行评分,记录评分结果。

思考:山羊 1 练习与木马 2 练习有何区别?

第十六节　山羊 2 练习

目的:增强上肢、肩部、腰背肌群力量及弹跳力,提高身体平衡能力与协调能力。
要求:了解山羊 2 练习的训练作用,掌握正确的技术动作。

一、训练条件

制式山羊(高 1~1.3 m)、踏跳板(距离山羊 1~1.3 m)、体操垫或松软沙地、镁粉。

二、队形与口令

见第四章第一节单杠引体向上。

三、技术动作

中速助跑,踏跳后两臂迅速前伸,同时含胸提臀,即为第一腾空;双手主动支撑山羊,同时顶双肩推离山羊,两腿屈膝收腿,而后向下方积极伸腿,即为第二腾空;两臂顺势上举,梗头,迅速伸展身体并腿落地(见图 5-16-1)。

图 5-16-1　屈腿腾越山羊

四、训练方法

(一)辅助练习

(1)在地面做起跳练习和踏板起跳练习。
(2)做对墙顶肩动作练习和跳起对墙顶肩动作练习。
(3)做俯撑后摆推起成屈膝收腿支撑练习。
(4)在山羊上做伸腿伸展身体跳下练习。

(二)完整动作练习

(1)近距离低山羊完整动作练习。
(2)远距离高山羊完整动作练习。

五、常见错误与纠正方法

(1)起跳不充分。纠正方法:可缩短起跳距离和降低山羊高度,使受训者逐步克服畏惧心理,树立完成动作的信心。
(2)伸腿伸展动作不明显。纠正方法:从高处跳下做伸腿伸展身体跳下动作练习。

六、保护与帮助

受训者体重较轻时,可安排1名保护者,位于山羊前侧方,练习时扶握受训者上臂,助其抬起上体。受训者体重较重时,可安排2名保护者,位于山羊两侧前方保护。

七、训练注意事项

(1)训练前认真检查场地器材,并充分做好准备活动。
(2)重点解决上板和踏跳动作。
(3)加强保护与帮助,防止伤害事故的发生。

八、考核测试

(一)保障条件

制式山羊、踏跳板、体操垫或松软沙地、镁粉、记录台。着装各单位自行统一。

(二)考核规则

(1)符合动作要领,两个腾空明显,动作娴熟、连贯、流畅,落地稳定为优秀;整套动作完成较好,个别动作完成质量和连贯性稍差为良好;能独立完成整套动作,但动作质量较差为及格。
(2)设2名考核员时,以2名考核员的平均分数为最终成绩。设3名考核员时,以中间分数为最终成绩。

(三)考核方法

设考核员2~3人,从不同的角度对受考者完成的动作质量进行评分,记录评分结果。

第六章 特种体育训练器材

> **学习目标**
>
> 了解特种体育训练器材的分类与功能,掌握常用训练器材的使用方法与注意事项。

特种体育训练器材是特种体育训练中所使用的各种器械、装备及用品的总称。学习与掌握特种体育训练常用器材的功能、使用方法等相关知识,对特种体育训练的科学组训有着很好的现实意义与实用价值。

本章主要围绕特种体育训练的器材分类与功能、特种体育训练常用器材的使用方法与注意事项等问题进行介绍。

第一节 特种体育训练器材的分类与功能

特种体育训练的广泛开展和训练课目的多样化使特种体育器材的种类、规格等都得到了发展。了解特种体育训练器材的类别,熟知其功能,是合理使用特种体育器材的基本前提,也是特种体育科学组训的基本要求。

一、特种体育训练器材主要类别

特种体育训练器材类别划分有多种方式,根据器材的性质与功能,主要将特种体育训练器材分为5类。

(一)器械体操器材

器械体操器材主要有单杠、双杠、木马(含踏跳板)、山羊(含踏跳板)。

(二)健身训练器材

健身训练器材主要有哑铃、杠铃(包括卧推架、深蹲架)、壶铃、联合器械。

(三)球类训练器材

球类训练器材主要有篮球、足球、排球、羽毛球拍、羽毛球网与网架、乒乓球台、乒乓球网与网架。

(四)辅助训练器材

辅助训练器材主要辅助训练器材有标志杆、标志桶、移动低桩网。

（五）便携训练器材

便携训练器材主要有跳绳与悬吊带。

二、特种体育训练器材的主要功能与维护

器械体操器材主要用于器械体操训练，通过练习可以有效增强肌肉力量，改善平衡能力，提高协调性，增强心理承受力，培养勇敢、果断的意志品质。

1. 单杠

单杠高 2.20～2.40 m，用于引体向上、卷身上、屈臂悬垂、单杠 3 练习、单杠 4 练习、单杠 5 练习等课目训练。可以进行引体、悬垂、摆动、屈伸、回环、转体等动作训练。单杠对发展人员上肢与腹背部肌肉力量有良好的作用，还可以培养人员勇敢顽强的意志，对改善人员在不同空间判断方位的能力，提高人员的力量素质和身体协调性，均有很强的现实意义与实用价值。

2. 双杠

双杠高 1.15～1.55 m，宽 0.42～0.50 m，用于双杠臂屈伸、双杠支撑前移、双杠 3 练习、双杠 4 练习、双杠 5 练习等课目训练。可以进行支撑或悬垂，也可以由侧撑或正撑进行训练，对发展人员上肢与腹背部肌肉力量有良好的作用。另外，在双杠上进行摆动、摆越、屈伸、滚翻等动作，可以改善人员在不同空间判断方位的能力，提高人员身体协调性和柔韧性。

3. 木马

木马高 1.2～1.35 m，踏跳板距离木马 1～1.5 m，用于木马 1 练习、木马 2 练习、木马 3 练习，也可以用于一些课目的辅助练习。木马训练能增强肌腱、韧带和关节力量，对发展下肢和肩带肌肉的爆发力有很好作用，同时，培养人员勇敢意志。

4. 山羊

山羊高 1～1.3 m，踏跳板距离山羊 1～1.3 m，用于跳山羊课目训练。跳山羊将冲刺跑与跳跃相结合，有蹬腿、收腹等动作，对于发展人员爆发力与心理素质、身体的协调性与柔韧性都有很好的作用。

器械体操器材主要由金属材料组成。此类器材容易受潮氧化生锈，为此要保持其表面干燥清洁，特别是在室外的单杠、双杠器材。在室外的器材，要注意定期除锈，对于用螺丝连接部位要定期涂油，保持滑润。金属器材通常质量较大，性脆，如发现断裂或破损应及时进行焊接与加固，确保使用安全。

（二）健身训练器材

特种体育训练健身训练器材主要有哑铃、壶铃、杠铃（卧推架）、联合器械，可以根据训练的需求，选择不同类别的器材进行训练。

1. 哑铃

哑铃是一种用于增强肌肉力量训练的简单器材。哑铃分为固定重量哑铃和可调节重量哑铃（见图 6-1-1）。前者一般多用生铁浇铸而成，重量固定，在 2～10 kg 之间不等；后者类似于缩小的杠铃，多用硬塑或者生铁制成，可以根据需要在短铁棒（长约 40～45 cm）两端套上重量不等的圆形铁片,通过增加或减少哑铃片的数量来调节活动哑铃的重量。

哑铃用于肌力训练、肌肉复合动作训练。力量素质较差的人员,手持哑铃,可利用哑铃的重量进行抗阻力运动,增强肌力。可单手握铃练习也可双手同时握铃练习。也有将哑铃套在脚腕部进行练习,人员可根据不同的需要以及自身的具体情况选择不同的练习方法。长期坚持练习哑铃,可以修饰肌肉线条,增加肌肉耐力。经常做重量偏大的哑铃练习,可以使肌肉结实,强壮肌纤维,增加肌力。

(a)　　　　　　　　　(b)

图 6-1-1　哑铃

(a)固定重量哑铃；　(b)可调节重量哑铃

2. 壶铃

壶铃的外形与民间练功用的石锁相似,用生铁浇铸而成(见图 6-1-2)。壶铃重量在 1~25 kg 不等,训练者在练习时可根据不同需要选择不同重量。大的壶铃,壶身与壶把同时浇铸,浑然一体;小的壶铃,壶把焊接在壶身上。

图 6-1-2　壶铃

用壶铃进行健身锻炼时,可以做各种推、举、提、抛和蹲跳等练习。可用单手或双手握住壶把,完成屈臂、弯腰、体侧、纵跳等练习动作,使臂部,腰背部和腿部等部位的肌肉得到锻炼。壶铃对于全面提高身体的爆发力十分有效。

3. 杠铃(卧推架)

标准的杠铃由横杠、杠铃片和卡箍三部分组成(见图 6-1-3)。卡箍用来固定杠铃片。国际标准的杠铃要求横杠不超过 2.20 m,直径为 0.28 m。每个卡箍重 2.5 kg,两个卡箍之间的距离为 1.31 m。杠铃片的不同颜色表示不同重量,从 1.25 kg 到 25 kg 不等。红色是 25 kg,蓝色是 20 kg,黄色是 15 kg,绿色是 10 kg,白色是 5 kg,黑色是 2.5 kg 或者 1.25 kg。

图 6-1-3 杠铃、卧推架

杠铃系列中还包括"杠铃片"系列。其主要组成部分为各种支撑架和杠铃片。它是在杠铃力量锻炼的基础上,结合了深蹲、卧推等力量练习动作发展而来的,不仅能够使更多部位的肌肉得到锻炼,还能最大限度地降低杠铃练习对人员造成伤害的可能性。

卧推架是专门用于进行卧推练习,发展胸部及臂部肌群的健身器材。它由长凳与凳板两端的 Y 形支架组成。支架用来放置杠铃。

杠铃是人们最早使用的健身器械之一,杠铃训练类似哑铃训练,是力量训练的一种,目的是增强肌肉力量。借助横杠及不同重量的杠铃片,运用多次数的肌力特殊训练技巧,能有效发展肌肉爆发力和肌肉耐力,也能使脂肪燃烧,转换成健美的线条。此外,还可延缓肌肉老化、增加骨质密度、防止骨质疏松。

卧推架是专门用于进行卧推练习,发展胸部及臂部肌群的健身器材。它由长凳与凳板两端的 Y 形支架组成。支架用来放置杠铃。

杠铃的功能多样,无论是肩部、后背、手臂、胸部等处肌肉,藉由横杠及不同重量的杠铃片,运用多次数的肌力特殊训练技巧,针对全身肌群做肌耐力训练,使脂肪燃烧,转换成健美的线条,加强肌肉力量,增强身体核心能力。

4. 联合器械

联合器械又称多功能健身训练器、联合健身器或多功能组合机(见图 6-1-4)。它将多个单项健身器械巧妙、合理、有机地结合在一起,在一个主机上提供多种锻炼功能。

图 6-1-4 联合器械

联合器械多属拆变式的连接组合,主体结构由优质钢材加工而成,其他部件由钢材、铸铁或塑料等材料制成,表面喷漆或电镀。

根据设计的不同,有不同类型的联合器械,小至三四种功能,大到40种以上的功能。例如,三站七功能健身器、五站八功能健身器、十站十三功能健身器、三站十六功能健身器等。所谓十站十三功能健身器,是指该健身器具有可供10人同时训练的10个运动站和13种练习功能。

联合器械的功能强大,可综合训练腹、臂、背、胸、腿、臀部等肌肉,塑造形体,增强身体协调性。

健身训练器材的维护应注意以下几点:

(1)注意轻举慢放。慢放可以避免室内健身器材硬件之间的撞击,同时慢放又是一种退让性力量练习。进行器械训练时,一定要注意动作方式,这些器材远不如杠铃、哑铃等坚固耐用,在使用时要注意尽量不做爆发式用力。

(2)定期检修轴承、更换健身器上的钢丝绳。室内健身器材中一机多用的器械,其主钢丝绳承受多种拉力,使用一两年后,应主动更换钢丝绳。

(3)室内健身器材放置应平稳,最好放在下面铺有地毯的干燥的房间。这样可以防止受力不均而造成损坏,防止器材生锈、磨损。

(4)平时应注意保养室内健身器材中一些部件,如擦净器材表面电镀层,给轴承上油,紧松动的螺丝等。

(三)球类训练器材

球类训练器材主要用于人员的体育活动,这一类的器材主要是篮球、足球、排球等,使用率较高,深受人员的喜爱。开展球类活动一方面有利于人员提高力量、耐力、速度素质,增加关节活动度,另一方面有利于调动和提高人员的特种体育训练热情和积极性,促进人员身心健康发展,丰富单位文化生活。

球类器材基本都是皮胶质类器材,容易磨损,抗压性能差,易潮、易爆。在使用中,人员要注意严禁坐压,防止尖锐性器物割扎,保持器材洁净干燥,雨水天气不宜使用。存放时要隔空放置,保持通风,严禁重物挤压。此类器材摆放时注意分类存放,定位定橱,不能挤压,要有专门的球筐和球架及橱柜。球网使用后要及时清洗,定期晾晒,保持清洁干燥,破损后要及时进行修补或更新,摆放时注意防潮。

(四)辅助训练器材

辅助训练器材主要有标志杆、标志桶和移动低桩网。

1. 标志杆

标志杆高度不低于1.8 m,用底座固定(见图6-1-5),用于基础体能组合练习、30 m×2蛇形跑、20 m×5持枪绕杆屈身往返跑等课目的场地设置。

2. 标志桶

《特种体育训练教程》规定,标志桶高为50 cm(见图6-1-6),用于基础组合1练习、救护组合练习等课目的训练场地设置。标志桶除了作为训练课目的保障器材外,还可辅助人员训练速度素质、灵敏素质与反应素质等。

图 6-1-5　标志杆　　　　图 6-1-6　标志桶

3. 移动低桩网

移动低桩网长 10 m、高 0.6 m、宽 2 m(见图 6-1-7),可用特种体育训练课目救护组合课目的训练。低桩网训练可以改善身体协调性,提高快速通过低窄空间的能力。

图 6-1-7　移动低桩网

辅助训练器材品种较多,主要为木质与胶质材料,在相关课目训练中使用频率高,使用后要注意清洗晾晒,保持清洁干燥,否则易坏。平时的存放要注意防火、防潮、防霉。破损后应及时修补或更新。此类器材摆放时要根据它们的不同材质与场地的实用性进行摆放。

(五)便携训练器材

便携训练器材主要有跳绳、悬吊带等。

1. 跳绳

跳绳运动的装备十分简单,只需一条绳、轻便衣服及一双舒适的运动鞋便可。此外,跳绳所需的场地也不大,无须特别场地。

跳绳是一项极佳的体育运动,能有效训练人员的反应能力和耐力,有助于人员保持良好体态与身体协调性(见图 6-1-8)。

图 6-1-8　跳绳

2. 悬吊带

悬吊带属于悬吊训练系统,系统由悬吊带、主绳、手柄和足环组成(见图6-1-9),只要找到一个悬挂点,在任何环境下都能进行训练。

图6-1-9 悬吊带

悬吊训练系统可以帮助人员完成几乎全身肌肉的训练,提高力量、柔韧性和核心稳定性。

便携训练器材主要为胶质与纤维质材料,此类器材使用后要注意清洗晾晒,保持清洁干燥,否则易坏。平时的存放要注意防火、防潮、防霉。破损后应及时修补或更新。

第二节 特种体育训练常用器材的运用与注意事项

常用训练器材的运用,直接关系到特种体育训练的方法应用,掌握常用训练器材的使用方法,把握训练注意事项,可以丰富训练手段,提高人员训练的积极性,促进身体素质与运动技能全面发展,同时也能有效预防训练损伤。

一、器械体操器材

基础体能训练课目的引体向上、屈臂悬垂、卷身上、双杠臂屈伸、双杠支撑前移、双杠摆动臂屈伸等,主要的保障器材是单杠与双杠,使用方法及注意事项在前文已讲述,此处不再赘述。

二、健身训练器材

下面主要介绍杠铃、哑铃、壶铃、联合器械等常用健身训练器材的训练运用方法与注意事项,以提高训练效果。

(一)健身训练器材的运用

1. 杠铃训练方法

杠铃的用途广泛,可锻炼肩部、后背、手臂、胸部等多处肌肉,可借助横杠及不同重量的杠铃片,运用多次数的肌力特殊训练技巧,针对全身肌群做肌肉爆发力和肌肉耐力训练,加强肌肉力量,增强身体核心能力,提高身体协调性。

(1)平板卧推。

准备姿势:水平仰卧在长凳上,身体与凳子及地面保持"五点"(头部、肩部、臀部、两脚)接触;身体在凳子上的位置调整到眼睛正好在支架下方;双手正握抓杠,握距略宽于肩,肘关节伸直,保持杠铃位于胸部上方。

动作练习:直线向下移动杠铃至接近胸部,手腕要牢固,前臂与地面平行;向上推杠,直到肘关节完全伸直,手腕要紧张、稳定,两侧前臂与地面均保持平行(不要拱腰或挺胸迎杠),一组结束后将杠铃放回架上(见图6-2-1)。

图6-2-1 平板卧推

保护与帮助。准备姿势:两名保护者,两脚开立与肩同宽,站于杠铃两端,膝部微屈,双手手掌朝上成杯状,抓住杠的末端,协助受训者将杠铃移出支架,直到杠铃置于胸部上方。动作练习:保护者两手保持杯状,但不接触杠,杠下移时,稍稍屈髋、屈膝,随着杠上移,缓慢伸髋、伸膝,保持背部平直,在受训者完成一组后,随受训者向支架移动,同时抓杠并协助受训者将杠铃平稳放在支架上。

(2)高翻。

准备姿势:两脚开立约与肩同宽,双手正握杠铃略宽于肩,置于两膝外侧,挺胸,头与躯干成一直线,两眼直视前方。

动作练习:第一次提拉,用力伸髋、膝,将杠铃提离地面,保持肘关节伸直,头居中,躯干与地面角度不变。在杠铃高过膝关节后,向前挺髋,微屈膝,膝向前顶,置于杠铃下方,保持背部平直或微拱,肘伸直指向外侧。第二次提拉,快速有力伸髋、伸膝,向上耸肩,当耸肩到最高点时,屈肘,将杠铃翻举至锁骨和三角肌前部之上,同时屈膝、屈髋,保持躯干直立。当身体平衡时,则伸髋、伸膝,充分站直。下移,逐步减少手臂肌肉的张力,有控制地将杠铃下降至大腿处,同时屈髋、屈膝,下蹲,肘关节伸直,至杠铃触地(见图6-2-2)。

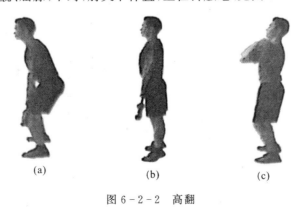

图6-2-2 高翻

(3)后蹲。

准备姿势:两脚平行与肩同宽站于杠下,双手正握抓杠,握距略大于肩宽,将杠置于颈后肩上,保持胸部上挺,头微向上倾斜,固定位置后,伸髋、伸膝举杠,向后移动1~2步,两脚略比肩宽,成微八字。

动作练习:在保持躯干与地面角度固定的情况下,缓慢屈髋、屈膝,膝关节与脚尖方向一致但不要超过脚尖,直到大腿与地面平行,躯干变圆或前屈;然后以相同速率伸髋、伸膝直到起势姿势,保持背部平直,膝部在脚的正上方。一组结束后,向前回到支架前面,下蹲将杠铃置于支架上(见图6-2-3)。

图6-2-3 后蹲

保护与帮助:

准备姿势:两名保护者两脚开立与肩同宽,站于杠铃两端,膝部微屈,双手手掌朝上成杯状,抓住杠的末端,协助训练者将杠铃移出支架,平稳释放杠铃。双手放在杠下方的5~8 cm处,随着受训者向后移动,同步侧向移动。

动作练习:保护者两手保持杯状,但不接触杠,杠下移时,稍稍屈髋、屈膝,随着杠上移,缓慢地伸髋、伸膝,保持背部平直。在训练者完成一组后,随训练者向支架移动,同时抓杠并协助训练者将杠铃平稳放在支架上。

4)前蹲

准备姿势:两脚平行与肩同宽站于杠下,双手正握抓杠,距离略大于肩宽,将杠置于两肩胛骨和锁骨的连线上(三点一线),屈肘,保持手臂与地面平行,准备好后,伸髋、伸膝举杠,向后移动1~2步,两脚略比肩宽,成微八字(见图6-2-4)。

图6-2-4 前蹲

2. 哑铃训练方法

哑铃是一种用于增强肌肉力量训练的简单器械,它有多种不同重量的规格,适合于不同身体素质的训练者进行训练。

(1)站立哑铃肩上推。

准备姿势:两脚开立约与肩同宽;双手持铃于肩膀两侧,与肩同高,掌心向内;挺胸收腹,两眼平视前方。

动作过程:将哑铃向头上推举(双臂同时推举或单臂交替推举),直至手臂挺直,肘部微屈;稍稍停顿,然后缓缓放下至起始位置;在上举过程中,膝部微屈,不能借助身体其他部位的力量;重复上述动作,直至完成一组练习(见图6-2-5)。

图 6-2-5 站立哑铃肩上推

(2)站立哑铃侧平举。

准备姿势:两脚开立约与肩同宽,膝部微屈;双手握住哑铃中间位置,将其放置在大腿前面,掌心相对;双臂自然垂直,肘部微屈。

动作过程:双臂向两侧(两臂略前移与身体平面成10°~15°夹角)上方同时举起哑铃,直到上臂与地面平行,保持同样的屈肘角度和姿势,上身直立,膝关节微屈,不能耸肩;稍稍停顿,然后缓缓放下到起始位置;重复上述动作,直至完成一组练习(见图6-2-6)。

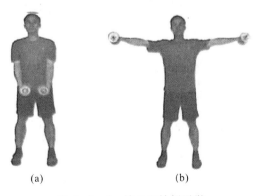

图 6-2-6 站立哑铃侧平举

(3)站立哑铃前平举。

准备姿势：两脚开立约与肩同宽，膝部微屈；双手握住哑铃中间位置，将其放置在大腿前面，掌心向后；双臂自然垂直，肘部微屈。

动作过程：两臂交替向前上方举起哑铃，至双肩水平处，不能耸肩，保持肘部微屈，躯干挺直；稍作停顿，然后缓缓下放至初始位置；重复上述动作，直至完成一组练习（见图6-2-7）。

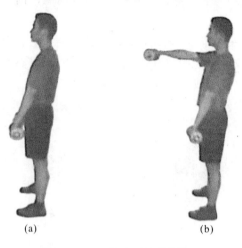

(a)　　　　(b)

图6-2-7　站立哑铃前平举

(4)站立哑铃弯举。

准备姿势：两脚开立约与肩同宽，膝部微屈；双手握住哑铃中间位置，将其放置在大腿前面，掌心朝前；保持上身正直，双臂自然直垂，肘部微屈。

动作过程：一臂屈肘至哑铃接近三角肌前部，保持躯干挺直，上臂固定不动，另一手臂在大腿侧不动；稍稍停顿，缓缓放低哑铃，回复到起始位置；两臂交替进行，不要利用身体和哑铃惯性摆动而借力，不能耸肩，下放哑铃时上臂不能完全放松，整个过程保持紧张；重复上述动作，直至完成一组练习（见图6-2-8）。

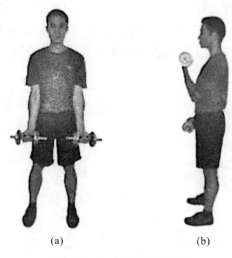

(a)　　　　(b)

图6-2-8　站立哑铃弯举

(5)站立哑铃颈后臂屈伸。

准备姿势:两脚开立约与肩同宽,躯干挺直,两手正握哑杠铃,两臂伸直上举,掌心相对,肘部微屈。

动作过程:以肘关节为轴,上臂往颈后(单臂交替)缓缓下放哑铃,至两肘尖垂直向上,保持身体稳定,上臂紧贴耳侧,肘关节位置不能移动;稍稍停顿,回复到起始位置;重复上述动作,直至完成一组练习(见图6-2-9)。

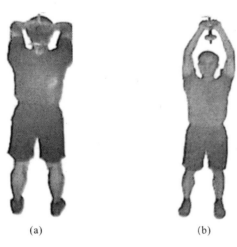

图6-2-9 站立哑铃颈后臂屈伸

(6)跪姿哑铃单臂划船。

准备姿势:单膝跪在长凳后端,同侧手撑在长凳前端,另一腿直立,膝部微屈,腰背平直,与长凳、地面保持平行;另一侧手全握哑铃自然下垂,掌心朝向长凳(见图6-2-10)。

图6-2-10 跪姿哑铃单臂划船

动作过程:从腹部外侧提拉哑铃,至最高处,保持肘部朝后,躯干不应转动;稍稍停顿,然后缓缓放低哑铃,回到起始位置,在整个动作中上半身始终保持一个固定姿势;重复上述动作,直至完成一组训练,然后将哑铃换到另一侧,重复上述动作。

(7)哑铃仰卧飞鸟。

准备姿势:水平仰卧在长凳上,身体与凳子及地面保持"五点"接触;两手各持哑铃,掌心相对,推起至两臂伸直,肘关节伸直,支撑在胸部上方。

动作过程：两手持哑铃平行沿大弧形缓缓地向两侧下落，手肘微屈，直到上臂下落至肩部或胸部的水平高度，使胸部两侧肌肉有充分的拉伸感。当哑铃下落时吸气，并保持手、腕部、前臂、肘部、上臂和肩部在同一垂直面内。稍作停顿，持铃按原路线回到初始位置，上举时呼气。重复上述动作，直至完成一组练习。

保护与帮助：

准备姿势：保护者一腿跪地，另一脚向前平稳地着地，抓扶受训者前臂的手腕处，帮助训练者将哑铃移动到胸上方，平稳松手（见图6-2-11）。

动作过程：在哑铃下移、上升过程中，双手尽量贴近人员前臂，但不要触到前臂。

图6-2-11　哑铃卧仰飞鸟保护动作

(8)哑铃半蹲飞鸟。

准备姿势：两脚开立略比肩宽，上体向前倾（力量素质好的可前倾至与地面接近平行），两腿微屈，双臂下垂，肘部微屈，两掌心相对持哑铃约5～10 cm。

动作过程：将哑铃向身体两侧举起，直到上臂与地面平行，保持固定的腰背姿势和肘部角度，躯干不能上下起伏；稍稍停顿，然后缓缓下放，回到起始位置；重复上述动作，直至完成一组练习（见图6-2-12）。

图6-2-12　哑铃半蹲飞鸟

(9)站立持铃下蹲。

准备姿势:两脚开立约与肩同宽,双手持哑铃于体侧,掌心向内,上身保持直立平稳,两眼平视前方。

动作过程:身体平稳下蹲,直到大腿与地面接近平行,膝盖不超过脚尖,然后大腿用力缓慢站起,回到初始位置;重复上述动作,直至完成一组练习(见图6-2-13)。

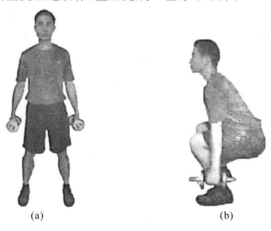

图 6-2-13 站立持铃下蹲

(10)哑铃箭步蹲。

准备姿势:两脚开立约与肩同宽,双手持哑铃于体侧,掌心朝内,上身保持直立平稳,两眼平视前方。

动作过程:一脚向前跨一步下蹲成弓步姿势,后腿膝盖缓缓接近地面,前腿与地面基本平行,膝盖不超过脚尖,保持身体平稳,腰要挺直;稍作停顿,脚跟上蹬,回到起始位置;重复上述动作,直至完成一组练习(见图6-2-14)。

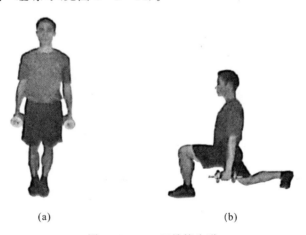

图 6-2-14 哑铃箭步蹲

3. 壶铃训练方法

壶铃握法有2种。单手:壶底朝下,四指钩握握把中间,用于摆动练习;单手胸前位置或头顶位置时,手腕中立,内角在虎口,外角靠在手腕内侧,用于挺举和抓举练习(见图6-2-15)。
双手:双手握住握把中间(见图6-2-16)。

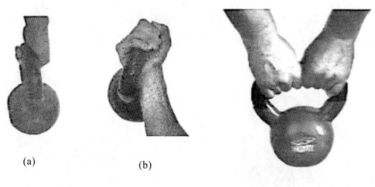

图6-2-15 壶铃单手握法　　　图6-2-16 壶铃双手握

(1)壶铃摆荡。

1)单手。

准备姿势:两脚开立略比肩宽,脚尖微外展,俯身屈膝,膝关节对准脚尖方向,将壶铃放于体前,两眼平视前方。

动作过程:单手抓住壶铃站起,伸髋,伸膝,让壶铃自然摆荡,直至与肩同高,另一手臂随髋部摆动,帮助身体发力;稍作停顿,让壶铃自然下落,当壶铃即将接触髋部时,屈髋屈膝卸力,还原成初始姿势;重复上述动作,直至完成一组练习(见图6-2-17)。

2)双手。

双手握住握把中间,动作要领同单手摆动(见图6-2-18)。

图6-2-17 单手壶铃摆荡　　　图6-2-18 壶铃双手摆动

(2)壶铃挺举。

准备姿势:动作起始位置和壶铃单手摆动动作相同。

动作过程:单手抓住壶铃站起,伸髋,伸膝,用上肢提拉的动作将壶铃停放在上臂位置,手掌向下放于锁骨位置,接着下肢蹬地发力,将力量从下肢传递到上肢,推举壶铃至头顶,肘关节锁定靠近头部,掌心向前;稍作停顿,壶铃自然下落,身体缓冲将壶铃放在上臂位置,手掌向下放于锁骨位置,接着让壶铃再次自然下落,回到初始位置,整个过程保持自然呼吸;重复上述动作,直至完成一组练习(见图6-2-19)。

图6-2-19　壶铃挺举

(3)壶铃抓举。

准备姿势:动作起始位置和壶铃单手摆荡动作相同。

动作过程:单手抓住壶铃站起,伸髋,伸膝,让壶铃自然摆动,在上摆过程中增加高拉的动作使壶铃靠近身体;当壶铃过头继续上摆时做推举动作,将壶铃固定在头顶位置;稍作停顿,让壶铃按原路线还原成初始位置;重复上述动作,直至完成一组练习(见图6-2-20)。

图6-2-20　壶铃抓举

(4)壶铃前蹲。

准备姿势:两脚略比肩宽,脚尖微外展,膝关节对准脚尖方向;双手持壶铃于锁骨位置,壶底朝下,眼睛平视前方。

动作过程:屈膝下蹲,直到大腿与地面平行,脚跟不得离地,背部挺直,眼睛始终向前平视;稍作停顿,收缩臀部,伸髋伸膝站起至髋关节完

全伸展,膝关节锁定,保持自然(见图6-2-21)。

图 6-2-21　壶铃前蹲

4．联合器械训练方法

(1)蝴蝶夹胸。

准备姿势：坐在蝴蝶训练器固定椅上，使身体与凳子及地面保持"五点"接触，保持上体正直、挺胸、收腹、紧腰；两小臂紧贴阻力器护垫，与地面保持垂直，上臂与地面平行。

动作练习：将器械由身体两侧向身体中间位置夹紧；稍稍停顿，然后缓缓地展开还原成初始动作；重复上述动作，直至完成一组练习(见图 6-2-22)。

(a)　　　　　　　　　　　　　　(b)

图 6-2-22　蝴蝶夹胸

(2)坐姿下拉。

准备姿势：背对器械坐在椅垫上，两脚平行放在地板上，躯干略微后倾，双手正握横杠，握距略比肩宽，肘部完全伸直。

动作练习：将横杠下拉至胸，至触及锁骨和上胸部，保持躯干微向后倾斜，但不可快速后伸；稍微停顿，肘关节慢慢伸直回到起始位置；完成一组练习后，将横杠放回到原来位置(见图 6-2-23)。

图 6-2-23 坐姿下拉

(3)坐姿蹬腿。

准备姿势:坐在器械固定椅上,双脚放在踏板上,保持比髋关节稍宽一点的距离,身体保持正直,收紧腰腹,挺胸;双手握握把,保持身体稳定,上背部贴紧靠背,颈部放松,眼睛平视前方。

动作练习:大腿前侧、后侧和臀部同时用力,蹬起适宜重量,到顶点时膝盖稍弯但不要完全伸直;稍微停顿,两腿缓慢收回,还原到初始位置(见图 6-2-24)。

(a)   (b)

图 6-2-24 坐姿蹬腿

(4)水平卧推。

准备姿势:水平仰卧在长凳上,身体与凳子及地面保持"五点"支撑;双手正握抓杠,握距略比肩宽,肘关节弯曲,两上臂与地面平行。

动作练习:向上推杠,直到肘关节完全伸直,手腕要紧张、稳定,两侧前臂与地面均保持平行(不要拱腰或挺胸迎杠);稍微停顿,缓慢向下放杠,一组结束后将杠放回原位(见图 6-2-25)。

(a)   (b)

图 6-2-25 水平卧推

(5)臂屈伸。

准备姿势:双手分别握杠,两臂支撑在双杠上,头正、挺胸、顶肩。

动作练习:双肘关节同时弯曲和稍外展,使身体逐渐下降至最低位置,屈臂后肩关节低于肘关节;稍停片刻,两臂用力撑起至还原(见图6-2-26)。

(6)引体向上。

准备姿势:两手握(掌心向内或向前)单杠,略宽于肩,两脚离地,成直臂悬垂姿势。

动作练习:屈臂将身体往上拉起,直到下颌超过杠面;稍作停顿,然后逐渐放松背阔肌,让身体缓慢下降,恢复成准备姿势,重复直到一组结束(见图6-3-27)。

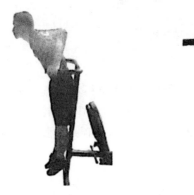

图6-2-26 臂屈伸　　　　　图6-2-27 引体向上

(7)俯卧卷腿。

准备姿势:俯卧在长凳上,双腿并拢伸直,双手握长凳支架,双脚跟勾住器械横杠(脚背朝下)。

动作练习:两小腿逐渐向上弯举,脚跟尽量靠近后臀部,充分收缩股二头肌;稍作停顿,缓慢回到起始位置;重复上述动作,直到一组结束(见图6-2-28)。

图6-2-28 俯卧卷腿

(二)健身训练器材运用时的注意事项

1. 做必要的调整

大多数器械都针对人体型的不同而设计了调整的办法。训练前要调整座位高度,使训练者的运动关节最好和器械的转轴成一条直线,这样才会既安全又有效。

2. 用适合训练者的重量

一般来讲,合适的重量是尽最大努力可以举起8~12次的重量。在不改变身体的姿态、没有其他部位帮助的情况下,所达到的力竭。

3. 做动作时要有控制

动作练习应匀速缓慢,达到的效果会更好。一般来讲,速度越慢,对肌肉的挑战性越强。速度过快时容易因为重量的惯性而拉伤韧带或肌腱。

4. 缓慢增加重量

训练水平提高以后,可以用增加重量的方法来达到更好的效果。这时候一定要注意安全,有很多器材的设计可以让训练者一次增加半个重量片,或者1/3个重量片,让受训者更好更安全地达到训练的目的。

三、辅助训练器材

标志杆、标志桶与移动低桩网等辅助训练器材主要运用于相关课目的场地设置,也有一些器材运用于训练中。下面主要介绍标志桶的运用方法。

(一)辅助训练器材的运用

1. 变速训练

训练目的:提高加速和减速的能力。

场地设置:平整训练场,两标志桶距离20 m(见图6-2-29)。

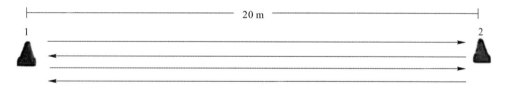

图6-2-29 变速训练

组织方法:训练时,受训者站于标志桶1前,听到"开始"的口令时,受训者在标志桶间慢跑,以此速度为"一挡"。当施训者下达"二挡"的口令时,受训者加速到全速的3/4,当下达"三挡"的口令时,受训者全速跑进。一次训练的时间为25~30 s。受训者要在标志桶间运动。施训者在下达口令时,要注意下达变挡的口令,不一定按一、二、三挡的顺序进行,这样才能让训练者集中注意力,作出快速的反应。

2. L形训练(见图6-2-30)

训练目的:提高受训者快速变向时的加速能力。

场地设置:将3个标志桶摆成L形,边长为10 m。

组织方法:训练者站于标志桶1的外侧,接着从标志桶1冲向标志桶2,然后迅速旋转90°,加速跑到标志桶3,绕过标志桶3,加速跑回到标志桶2,旋转90°,迅速跑到标志桶1,为完成一次训练。

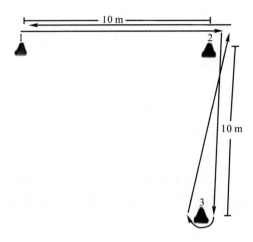

图 6-2-30　L 形训练

3. 四边形训练(见图 6-2-31)

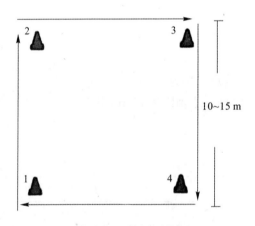

图 6-2-31　四边形训练

训练目的:提高训练者快速转向时的加速能力。

场地设置:设置 4 个标志桶,每个标志桶距离 10~15 m,摆成四边形。

组织方法:受训者站于标志桶 1 前,分别跑至不同的标志桶点。在训练时,施训者可以要求训练者用不同的步法通过,也可以让训练者转体 180°或 360°再快速通过,也可以设计以俯撑、仰撑爬行的方式通过。

4. 蝴蝶形训练(见图 6-2-32)

训练目的:提高训练者快速转向时的加速能力。

场地设置:将 4 个标志桶摆成正方形,一个放在中间。四边的边长为 10~15 m。

组织方法:开始训练时,受训者站于标志桶 1 外侧,听到"开始"的口令时,快速冲向标志桶 5,绕过标志桶 5,后退跑回标志桶 2,绕过标志桶 2,加速跑到标志桶 5,后退跑回标志桶

3,绕过标志桶3跑到标志桶5,后面按此方法进行训练,直到侧滑步回到标志桶1。在训练中,后退跑可以用交叉步、爬行、跳跨等方式来替换进行。

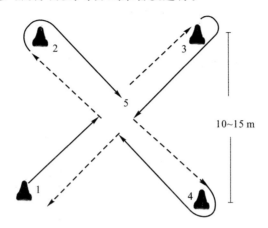

图6-2-32 蝴蝶形训练

(二)辅助训练器材运用时的注意事项

(1)标志物设置必须围绕训练目的与教学内容合理安排。

(2)设置的水平要适宜。确定标志物的位置、形状、练习方法等,一定要与受训者的身体水平相适宜。

(3)设置的方法要简单。

四、便携训练器材

便携训练器材主要介绍跳绳与悬吊带的运用与注意事项,以便于受训者掌握一些常用的训练手段。

(一)跳绳

1. 跳绳练习方法

跳绳的方法多种多样,受训者可以根据自己的能力,采用不同的方法进行训练。下面介绍几种常用的训练方法。

(1)简单跳绳法。双脚并拢,进行弹跳练习2~3 min(弹跳高度为3~5 cm)。开始跳绳,注意手腕做弧形摆动。初学者先跳20~30次,休息1 min后,重复跳,以掌握技巧。

(2)单脚屈膝跳。右腿膝关节微屈并向前抬起。踮起脚尖,单脚跳10~15次,然后换左腿重复以上动作。休息30 s,每侧各做2轮。

(3)双臂交叉跳。先做跳绳准备运动,然后双臂交叉跳绳。当绳子在空中时,交叉双臂,在跳过交叉的绳子之后,双臂反向恢复原状。

2. 跳绳练习注意事项

(1)训练前做好准备活动,训练后做好整理放松。

(2)选好场地,避免在硬性水泥地上跳绳,以免损伤关节。

(3)不要全脚掌落地。体重较大者,应采取双脚落地。

(4)抛动绳子要利用手腕和前臂的力量,减少肩膀和上臂摆动,身体挺直,不要向前弯曲,肩膀要放松不可向上抬起,保持平稳的呼吸节律。

(二)悬吊带

悬吊带训练可以帮助受训者完成几乎所有力量训练,提高力量、柔韧性和核心稳定性。

1. 悬吊带训练方法

(1)悬挂箭步蹲(见图6-2-33)。

图6-2-33　悬挂箭步蹲

准备姿势:右脚穿过把手固定住且全程离地,左腿向前迈出一大步呈弓箭步蹲,核心部位收紧控制平衡。

动作练习:摆臂发力,左腿稳定地站起来,右腿同时向前抬腿,膝盖尽量抬高。双腿交替练习。

(2)悬挂俯卧撑(见图6-2-34)。

准备姿势:俯身,双脚略分开,双手握住把手,用胸部肌肉控制住把手间距,肩、肘、腕全程保持紧张。

动作练习:下降身体,胸部尽量贴近地面,核心部分保持平衡,稍稍停顿后,胸部发力回到原位。

图6-2-34　悬挂俯卧撑

(3)仰体侧摆(见图6-2-35)。

准备姿势:双脚与肩同宽,双手握住一条悬吊带锁扣带,身体向后仰,将重心全部放在大臂上。

动作练习:双手相对锁扣带的位置不变,肩背发力,向侧面拉起身体。身体两侧交替练习。

(4)后撑深蹲(见图6-2-36)。

准备姿势:双脚与肩宽,双臂向上伸直,双手拇指扣住把手,大臂和躯干绷紧不动,重心向后移。

动作练习:下蹲至大腿与地面平行,股四头肌发力回至原位。该动作完成轨迹类似于夹球深蹲。

图6-2-35 仰体侧摆

图6-2-36 后撑深蹲

(5)俯身提膝(见图6-2-37)。

图6-2-37 俯身提膝

准备姿势:俯身,双手支撑全部体重,双脚穿过把手且全程离地,肩、背、臀、腿处在同一直线上。

动作练习:腰腹发力,双脚并拢,提膝向身体一侧团身,膝关节尽量贴近胸部。身体两侧交替练习。

2.悬吊带训练注意事项

在使用悬吊带训练时,量力而行是非常重要的一个原则,训练中要注意以下几点:

(1)在能力范围内把握对阻力大小的调节,不可急于挑战高难度。

(2)注意动作姿势,错误的动作姿势容易使肌肉和韧带受到伤害。

(3)训练中,主绳要始终保持张力,以确保动作的有效性。

(4)训练中,两臂用力要均匀。

(5)训练中,主绳应远离上臂,以免磨伤皮肤。

第七章　特种体育训练伤病预防

学习目标

了解特种体育训练伤病发生的主要原因，掌握预防的主要措施；了解特种体育训练的易发伤病与处理，以及伤后的康复训练；掌握常见突发伤病的现场处理方法。

特种体育训练伤病是指在特种体育训练中参训人员发生的各类损伤和运动性病症。科学知识匮乏与训练伤病频繁发生，将严重影响和困扰特种体育训练的深入和可持续发展。特种体育训练伤病预防是特种体育训练科学实施的重要方面，也是提高特种体育训练效益的基本要求。

本章主要围绕特种体育训练伤病发生的主要原因与预防，特种体育训练的易发伤病与处理，特种体育训练的疲劳与恢复进行阐述。

第一节　特种体育训练的疲劳与恢复

特种体育训练产生的疲劳是特种体育训练中必须面对的问题。训练必然产生疲劳，然后消除再恢复。训练使身体机能处在平衡—不平衡—平衡的循环往复中，疲劳和恢复是一对永恒的矛盾。训练产生的疲劳必须消除，训练才能得以推进。因此，如何消除疲劳，是特种体育训练中必须重视的现实问题。

一、特种体育训练疲劳的产生

在特种体育训练中，训练者是通过"疲劳的产生—疲劳的恢复—新的疲劳产生—再恢复—再疲劳—超量恢复"这样的递增循环和循序渐进，使机体抗疲劳能力得以提高的。由此，科学分析疲劳产生的原因是采取恢复措施的前提和基础。

（一）特种体育训练疲劳的概念

国际运动生物化学界认为："机体生理过程不能持续其机能在一特定水平上或不能维持预定的运动强度即为疲劳。"我国运动生理学教材将运动性疲劳定义为："人体工作或运动到一定时候，组织器官甚至整个机体工作能力暂时降低的现象。"由此可以看出，训练性疲劳有两个基本特点：其一，疲劳是由训练引起的，而不是其他原因，如疾病、营养、环境等因素；其二，疲劳是一种暂时的现象，经过休息，疲劳是可以恢复的。因此可以认为，疲劳是一种生理现象,是一种抑制,是机体自身的保护能力,可以防止机体的进一步衰竭。

特种体育训练疲劳与运动性疲劳在疲劳产生的生理机制上是一致的,但在训练目的、训练背景上有所区别。由此,特种体育训练疲劳的概念可定义为:在特种体育训练中,机体不能将机能保持在某一特定水平,或不能维持某一训练负荷的生理过程。特种体育训练疲劳是训练中的必经阶段,没有疲劳就没有提高。

(二)特种体育训练疲劳的分类

根据疲劳的划分标准有不同的分类方法。根据疲劳发生的部位,将疲劳分为全身疲劳和局部疲劳;根据疲劳发生的生理机制,将疲劳分为中枢疲劳、外周疲劳和混合疲劳;根据疲劳发生的症状表现,将疲劳分为心理疲劳和身体疲劳。

1. 全身疲劳与局部疲劳

全身疲劳是指由于运动使全身各器官机能水平下降而导致的疲劳,也称整体疲劳。如武装越野、足球比赛、篮球比赛、特种比武等可造成全身疲劳。局部疲劳是指身体某一局部进行运动使该局部机能水平下降而导致的疲劳,也称器官疲劳。例如射击训练中,容易造成听觉器官和视觉器官的疲劳。全身疲劳和局部疲劳密切相关,局部疲劳可以发展为全身疲劳,而全身疲劳包括着以某一器官为主的局部疲劳。

2. 中枢疲劳与外周疲劳

中枢疲劳发生部位起于大脑,止于脊髓运动神经元。研究表明,人体在稳定状态下运动时,大脑中的生化变化不大,但人体出现疲劳而机能下降时,中枢神经系统就会出现抑制。

外周疲劳发生的部位起于神经与肌肉接点,止于骨骼肌收缩蛋白。身体表现:一是神经肌肉接点做功能力下降,二是肌细胞膜通透性增加,三是肌浆网流通紊乱,四是代谢产物堆积,从而使肌肉组织的功能下降。

3. 心理疲劳与身体疲劳

心理疲劳是由于心理活动造成的一种疲劳状态,其主观症状有注意力不集中,记忆力障碍,理解、推理困难,脑力活动迟钝、不准确。行为改变表现为动作迟缓,不灵敏,动作的协调能力下降,失眠、烦躁与不安等。

身体疲劳是由身体活动或肌肉活动引起的,主要表现为运动能力的下降。在特种体育训练中,身体疲劳和心理疲劳是密切联系的,故特种体育训练疲劳是身心的疲劳。

总之,特种体育训练中出现疲劳不止是一个部位的问题,也不是某一个环节的问题,而是整个代谢过程出现了紊乱。对特种体育训练疲劳的正确认识,有利于我们制定疲劳消除策略,为提高身体机能水平采取更多的有效措施。

二、特种体育训练疲劳的判断

特种体育训练的疲劳判断,对客观了解和把握训练者的身体状况、采用有针对性的疲劳消除方法、促进身体恢复,意义十分重要。

在疲劳判断上,有血、尿生化指标,有生理仪器测试,甚至还有基因的芯片检测。从单位训练实际出发,在此主要介绍一些简便易行的疲劳判断方法。

(一)简易生理指标判断

1. 心率

心率是评定特种体育训练疲劳最简易的指标。一般常用基础心率、训练后即刻心率和恢复期心率对疲劳进行评价。

(1)基础心率。基础心率是基础状态下的心率,即清晨清醒后静卧时的心率,一般用脉搏表示,身体机能正常时基础心率相对稳定。如果大负荷训练后,经过一夜的休息,基础心率较平时增加5~10次/min以上,则认为有疲劳累积现象;如果连续几天持续增加,则应调整训练负荷。在选用基础心率作为评定疲劳指标时,应排除惊吓、噩梦、睡眠不足等其他因素的影响。

(2)训练后即刻心率。可采用遥测心率方法测定训练中的心率变化,或测试训练后即刻心率。按照训练适应理论,随着训练水平的提高,完成同样训练负荷时,心率有逐渐减少的趋势。一般情况下,若从事同样强度的定量负荷,训练后即刻心率增加,则表示身体机能状态不佳。

(3)恢复期心率。人体进行一定强度训练后,经过一段时间休息,心率可恢复到训练前状态。身体疲劳时,心血管系统机能下降,可使训练后心率恢复时间延长。因此,可将定量负荷后的心率恢复时间作为疲劳诊断指标,如进行20次/30 s深蹲的定量负荷运动,一般心率可在运动后3 min内恢复至运动前水平,而身体疲劳时,恢复时间可明显延长。

2. 反应时

反应时是指刺激信号(光、声音等)出现后机体迅速做出反应的最短时间,分为简单反应时和选择反应时。疲劳时反应时明显延长,特别是选择反应时延长更明显,表明大脑皮层分析机能下降。

(二)主观感觉测量

主观感觉测量包括自我主观感觉和身体主观感觉能力的测试。

1. 自我主观感觉

主观感觉是自我评价身体疲劳的重要依据。特种体育训练后虽然工作能力下降,但自我感觉身体轻松、舒畅,食欲和睡眠状况良好,特别是训练后有一种舒服的疲劳感,并有继续运动的愿望,说明这种疲劳是特种体育训练的正常反应,可以保持原负荷强度继续坚持训练。若训练后感到头晕、恶心及胸闷,或睡眠不好,特别是厌恶训练,则表明身体疲劳程度较深,超过身体的承受能力,应及时减小运动量,或短暂停止训练。

2. 身体主观感觉能力

人体运动时的主观体力感觉与工作负荷、心功能、耗氧量、代谢物堆积等因素密切相关,因此,运动时的自我体力感觉是判断运动性疲劳的重要指标(见表7-1-1)。

表7-1-1 主观感觉等级表

分级	6	7	8	9	10	11	12	13	14	15	16	17	18	19	20
主观感觉		非常轻松		很轻松		有点累		稍累		累		很累		非常累	

三、特种体育训练疲劳的恢复

促进疲劳消除,加速机体恢复是大运动量训练的重要前提,方法很多,主要有以下几类:

(一)医学生物学的恢复手段

医学生物学的恢复手段主要是应用物理学恢复方法,如水浴、蒸汽浴、旋涡浴、按摩、紫外线照射、红外线照射等。

(二)营养手段

在采用营养手段促进恢复时要注意以下问题:一是机体在承受不同负荷之后,缺什么补什么,而绝非吃得越多越好,注意膳食营养的平衡摄入;二是有条件时可以采用既能提高能力,又对身体无副作用的安全的营养补剂。

(三)训练学手段

为了加速训练者在训练过程中及训练后的恢复,应根据负荷的性质,设定间歇的时间间隔与方式;在训练中穿插和采用一些轻松愉快、富有节奏性的训练手段,有利于恢复。

(四)心理恢复手段

心理恢复手段主要是利用自我暗示、放松训练、气功、生物反馈等手段进行自我恢复。还可利用训练者的业余爱好、单位文化丰富其生活,来转移精神紧张。

(五)活动性休息

休息有两种方式:一种是静止性休息,一种是活动性休息,也称积极性休息。为了加速身体在疲劳后的恢复,应当使用两种休息方式并将其结合好。不少训练者疲劳后只注意静止休息,而不了解活动性休息对加速恢复的意义,所以这里要特别介绍活动性休息的作用和机制。从能量代谢的角度来看,在运动至疲劳力尽后,如果恢复过程中能进行轻微活动,肌肉和血液中乳酸的消除比运动后静止性休息要快得多。

根据巴甫洛夫高级神经活动学说,利用负诱导机制亦可说明活动性休息有助于加速恢复。比如,进行以下肢为主的运动,大脑皮层中支配下肢的神经细胞就会在运动中长时间处于高度兴奋状态。如果在运动后,适当交换肢体活动的部位,能使运动神经细胞轮流工作,通过负诱导的作用,疲劳的神经细胞会更快地恢复工作能力。当然,活动性休息安排的练习,强度要小,时间要短,这样既不会消耗过多的能量,又会使已经疲劳的神经中枢的抑制更深,有利于加速恢复。

(六)整理活动

各种生理机能并不是在运动结束以后才开始恢复的。实际上,在运动时,随着能量物质分解后的再合成,恢复过程就已经开始了。但是分解过程超过再合成过程时,能量物质不可能完全恢复,只有在运动结束后,剧烈运动的消耗停止了,合成过程超过分解过程,人体机能才逐步得到完全的恢复。因而运动后的"休息",实际上是恢复过程的一部分,而"休息"的方式,又直接影响着恢复的速度。作为一个优秀组训者应根据各方面的情况,对训练者的身体状况及时做出正确判断,调整运动量,加速其疲劳的消除,从而促进机能的恢复。

第二节 特种体育训练伤病发生的主要原因与预防

为有效预防特种体育训练伤病，提高训练效益，需要对训练伤病的发生原因有深入的认识，也需要对训练伤病的预防措施有科学的把握。

一、特种体育训练伤病发生的原因分析

特种体育训练伤病的致伤因素主要包括训练者个体机能状态的内在因素、训练环境的外在因素和训练组织与实施的管理因素三方面。

（一）训练者个体内在因素

个体机能状态水平是指训练者自身的运动能力，包括其生理状态与训练水平，如生理素质、心理素质水平的高低，运动技能掌握的熟练程度、训练年限的长短等，还包括身体解剖解构上的一些个体差异。

了解训练对象的能力基础是制订训练计划的前提，训练计划中涉及的方法、手段要与训练者的能力相匹配。以新人体能训练为例，从生长发育的年龄阶段来看，十八九岁青年的身体发育和运动素质接近高峰，但机体也存在着一些相对薄弱之处。例如，肌肉生长较快，但肌肉的体积、肌肉在骨骼上的附着牢固度以及关节韧带的附着力都发展不成熟，所以力量相对比较弱，在训练中容易造成肌肉、韧带等软组织损伤。比如，在基础体能训练中动辄就安排每组上百个的俯卧撑练习，既不能达到增强爆发力和绝对力量的作用，还很容易造成局部损伤。

个体机能水平也不是总呈现良好状态或一成不变的，如因睡眠或休息不好、患病受伤或伤病初愈、疲劳累积等造成生理状态不良时，会导致肌肉力量、精确度和协调机能显著下降，如果不调整训练计划，往往会因动作技术错误、注意力减退、反应迟钝等原因而造成损伤。

（二）训练环境外在因素

训练环境包括训练项目技术特征与所处环境自然特征。

不同的训练项目有其固有的技术环节，这些技术环节与身体的解剖结构有时会产生矛盾，导致特有的专项动作技术损伤。像"跑步膝""投弹肘""游泳肩"等以课目命名的损伤就是专项训练特有的伤病。如挥臂时，肘关节做伸及内旋的动作，此时伸肘肌群发力，同时弹的反作用力也传导至肘，两个力同时作用于伸肘肌群在肘关节内侧的附着点，容易导致"投弹肘"的发生。

自然环境包括海拔、温度、湿度、地面硬度等，也包括训练着装等微环境。这些因素本身对机体会产生一定的应激负荷，同训练负荷叠加会增大总体负荷，如果超过了身体承受能力就会造成一定伤害。

（三）训练组织与实施的管理因素

训练的组织与实施是训练的主体部分，包括训练计划的制订、训练方法的应用、训练手段的选择，具体到一次训练课中，还包括准备活动、训练内容和放松整理。其中任何一环违反了训练规律，都会影响训练效益，容易造成训练伤病。

综上所述,不考虑训练对象的个体特点和生理状态变化规律,对所训项目的动作技术和能量代谢特征不了解、训练计划安排不当、训练方法手段不合理,都是产生训练伤病的重要因素。损伤发生时的 3 种致伤因素在时间上是不一致的,也许孤立的因素不足以引起损伤,但危险因素的共同作用或相互影响会使损伤的可能性大大提高。

二、特种体育训练伤病预防的主要措施

对特种体育训练的伤病预防要有正确的认识和高度的重视,同时也需要采取科学的方法进行预防。

(一)进行科学组训

科学组训是减少训练伤病风险的重要保证。

(1)特种体育训练管理组训骨干要紧紧抓住科学组训这一重要环节,对训练前、中、后实施全过程训练伤病预防,要严格按照"训练前有准备活动,训练中有安全防护,训练后有整理放松"的基本训练流程科学组训。尤其要针对训练课目中容易造成训练伤的技术动作和技术环节进行深入细致的分析,讲解正确的技术动作要领和训练注意事项,积极做好训练伤预防工作。

(2)注重训练时间内容调配。采取理论实践穿插进行、室内室外相互结合、简易复杂课目搭配得当的方法,对特种体育训练课目进行优化组合,坚持全面训练、适时恢复的原则,实现不同训练课目穿插、大小训练负荷结合,以有效预防疲劳性训练带来的过劳性损伤。

(3)注重寓训于乐、紧张活泼的原则。坚持在特种体育训练中有意识开展特种体育游戏活动,活跃训练气氛,调节训练压力,让训练者真正能够放松紧张情绪,提高特种体育训练积极性。

(二)加强训练管理

加强训练管理是减少训练伤病风险的重要环节。

(1)注重安全形势分析。坚持每周认真分析训练安全形势,重点关注情绪不稳、思想受挫、训练进步慢、接受能力弱的新人及身体素质低下的人员。

(2)提高训练伤病预防意识。严查训练组织管理中部分组训骨干对训练伤认识不足、训练组织安排不当等问题,及时引导调整训练方法,严防造成严重后果。

(3)加强特种体育训练条件建设。按照特种体育训练条件标准建设训练场地,配备训练器材,改善训练条件。训练前认真检查特种体育训练场地、器械,消除安全隐患;训练后要再次检查训练设施,及时查找与发现问题,加强训练条件保障。

(三)提高卫勤保障能力

提高卫勤保障能力是减少训练伤病风险的重要手段。

(1)卫生部门要加强宣传教育。普及训练伤病防治的基本知识,对常见的肌肉拉伤、骨折、脱位、中暑等伤病处理办法进行示范和讲解,使人员对训练伤病预防与处理做到心中有数。

(2)卫生部门要建立健全个人健康档案,全面掌握伤病情况。对慢性损伤,严格落实三级检诊制度,并进行综合治疗。如手法治疗、理疗、热疗、牵引、药物熏洗、电针穴位刺激、局

部封闭、中药外敷等。还可以根据需要,及时请专家会诊,使参训人员及时康复。

(3)加强伴随保障。对于高危课目训练与考核,伴随保障要到位,救护车、救护人员及基本救护设备要伴随到现场,随时做好处理突发训练伤事故的准备。

(四)重视宣传教育

重视防伤病宣传教育是减少训练伤病风险的重要途径。

(1)将防伤宣传教育列入特种体育训练计划中。做到时间、人员、内容、效果四落实。针对听课对象设计教案,分类施教,普及训练防伤知识。

(2)将宣传教育纳入日常管理工作中。管理组训骨干要利用各种机会反复强调特种体育训练防伤的重要性,组训者要将防伤贯彻特种体育训练始终,把防伤与特种体育训练有机结合起来,加强防伤的针对性。

(3)将宣传教育体现在日常生活中。利用专题教育、黑板报、广播、计算机网络、口袋书等形式,人人参与,人人受教育,形成互动式宣传教育模式。通过宣传教育,提高认识,增强特种体育训练防伤能力,变"要我防"为"我要防"和"我会防"。

三、特种体育训练伤病的三级预防

三级预防是针对特种体育训练伤病的发生、发展过程中所处的不同阶段而采取的预防措施,分为一级预防、二级预防和三级预防3个层次。

一级预防是避免伤病发生,也就是传统意义上的伤病预防,其重点是提高健康水平,防止伤病发生;二级预防是伤后避免病情恶化,即伤病后的治疗,其重点是早期诊断、早期正确治疗,阻止功能丧失;三级预防是通过功能训练治愈伤病后的身体功能丧失或下降,即康复训练,其重点是减少或纠正存在的功能障碍,防止潜在疾病的发生。

下面以障碍训练中踝关节扭伤预防为例,分析三级预防各阶段工作的主要内容。

(一)一级预防

400 m 障碍等越障课目存在许多人体自高处落地的动作,较易发生踝关节扭伤,因此在开展障碍训练课目时,应注意如下几点。

(1)加强踝关节功能训练。如负重提踵、单脚站立、"米"字跳等专门性练习,提高踝关节的稳定性和力量。

(2)提高技术动作的准确性和高处落地姿势的正确性。在训练中既要强调过障碍技术的准确性,也要重点加强对落地技术的讲解、示范与练习。

(3)训练前做好场地、器材、服装的检查。比如独木桥上有沙石杂物、障碍场地跑道不平整、胶鞋或靴子不合脚,不能有效保护足踝等,都是发生踝关节扭伤的潜在致伤因素,训练前应做好检查工作。

(4)重点关注既往有过踝关节扭伤史的人员。踝关节扭伤后特别容易发生再次或多次扭伤,针对这些人员在训练中要高度重视,多加观察。可使用护踝、弹力绷带、医用胶带粘贴等方法来限制脚踝的活动度,减少踝关节再次扭伤的风险。

(二)二级预防

训练中一旦发生踝关节扭伤,则按照训练伤现场处理和急性闭合性软组织损伤的处理原则和方法,开展现场处置。

(三)三级预防

三级预防是以恢复功能为目的的康复训练。值得注意的是,一级预防中的功能训练和三级预防中的功能训练有相似之处,只是在不同层次、不同阶段要根据训练对象的能力水平,在负重方式、负荷大小、训练组数(次数)等方面有所不同,也由此可见功能训练是训练伤病预防的重要措施。

第三节 特种体育训练的易发伤病与处理

特种体育训练伤病包括训练伤和运动性病症两个方面。训练伤一般以人体运动系统中骨、关节或肌肉、韧带等软组织的损伤为主。运动性病症是指因机体对运动应激因子不适应或训练安排不当而造成体内紊乱所出现的一类疾病、综合征或机能异常。

一、特种体育训练伤的一般处理

根据受伤后皮肤与黏膜是否与外界相通,可将损伤分为开放性损伤和闭合性损伤两类。伤处皮肤或黏膜的完整性遭到破坏,有伤口与外界相通,称为开放性损伤。闭合性损伤指皮肤或黏膜仍保持完整,受伤组织无裂口与体表相通。软组织的闭合性损伤是特种体育训练伤最常见的损伤。

(一)开放性损伤的处理

训练中常见的开放性损伤主要有擦伤、裂伤、刺伤、切伤等。开放性损伤的一般处理程序是止血、清创、消毒和包扎。

1. 擦伤

机体表面与粗糙的物体相互摩擦而引起的皮肤表层损伤称为擦伤。如摔倒时皮肤与地面的摩擦,体操运动时皮肤被器械擦伤,格斗训练时被拳套擦伤等。擦伤是外伤中最轻又是最常见的一种。

小面积擦伤,可以用2%的红汞溶液或1%~2%的龙胆紫溶液涂抹,不须包扎,暴露于空气中即可痊愈。

擦伤面积稍大,创面有异物污染,或擦伤面积较大、伤口深、创面有异物污染,则需医务人员用生理盐水或双氧水冲洗伤口和进行相关处理。

2. 裂伤、刺伤、切伤

裂伤指身体受钝性暴力打击引起的皮肤、皮下组织撕裂。伤口边缘不整,组织损伤广泛,出血多,可造成细织坏死。

刺伤指身体受尖锐物刺入皮肤及皮下组织器官的损伤。伤口小而深,易合并深部组织感染破伤风。

切伤指锐器切入皮肤及皮下组织所致的损伤。伤口边缘整齐,伤口深,出血多,易伤及深部组织。

这3种损伤,皮肤都有不同程度规则或不规则的裂口,虽然各有特征,但病理却大致相同。注意检查伤口,观察污染情况,判断是否有神经、血管、肌腱等组织的损伤。处理时主要是早期清洁创面缝合及预防破伤风,应由医务人员处理。

(二)闭合性损伤的处理

闭合性损伤按不同的病理过程进行分类,主要分为急性损伤和慢性损伤。

1. 急性损伤

瞬间遭受直接或间接暴力造成肌肉、韧带、关节囊等软组织的损伤,但伤处皮肤保持完整,无伤口与外界相通的急性闭合性软组织损伤是常见的损伤类型。

在急性损伤的早期,处理原则以止血、止痛、防肿、制动和减轻炎症反应为主,采用伤后即刻冷敷、加压包扎、患肢抬高、适当制动的处理方法。冷敷在受伤 24~48 h 内尤为重要,除了受伤后第一时间使用冰敷,在损伤后的 2~3 天内也可进行冰敷,直到肿胀消退。冰敷一般持续 15~20 min,间隔 20 min 后重复 2~3 次,也可以每 2~3 h 进行一次。为了避免冻伤,不要把冰袋直接放在皮肤上。

急性损伤炎症期后,伤部软组织进入修复期,此阶段主要以改善血液和淋巴循环,促进组织代谢,促进淤血和渗出吸收,加速再生修复为处理原则。可采用理疗、按摩、针灸等治疗手段,同时应视受伤情况进行适当的功能锻炼,以保持机体神经及肌肉的紧张度,维持已经建立起来的条件反射,以及各个器官与系统的反射性联系。其间可进行主动的负重关节活动和缓和的伸展练习。

随着损伤组织基本修复,伤部进入再造期,此期痛、肿基本消失,但功能尚未完全恢复。主要表现为锻炼时有痛感,肌力未恢复,严重者可能由于组织粘连、疤痕收缩而出现伤部僵硬,活动受限等。处理原则以增强和恢复肌肉、关节功能,软化疤痕、松解粘连为主,处理方法以按摩、理疗、功能锻炼为主,适当配以药物治疗。在急性损伤的 3 周后,就可以进行以改善伤部的柔韧性、稳定性的功能训练,加强本体感觉,强化速度动态训练。

2. 慢性损伤

慢性损伤的病理变化主要为变性和增生,是由局部代谢障碍而引起组织形态和功能的改变。慢性损伤主要表现为局部酸痛、无力、活动受限、局部发凉等,具有反复发作的特点。

慢性损伤处理原则以改善伤部血液循环,促进组织的新陈代谢,合理安排局部负荷量为主。处理方法与急性损伤中后期处理方法一致,但应特别注意功能锻炼,以维持运动水平。

二、特种体育训练的常见伤与处理

(一)挫伤

在特种体育训练时互相冲撞或被踢打,或身体某部位碰在器械上皆可发生局部挫伤。挫伤多发生于单双杠、篮球、足球、散打、拳击、障碍等训练课目中。挫伤的程度与作用力的大小及组织器官的结构特性有关。轻度挫伤以皮肤、皮下组织损坏、淋巴管与小血管破裂为主要病理变化;严重挫伤可引起肌肉部分肌纤维损伤或断裂,组织内出血产生血肿或并发脑组织和内脏器官的损伤。

1. 征象

单纯肌肉挫伤,局部出现疼痛、肿胀、皮下淤斑、压痛和功能障碍等症状。

严重的复杂性挫伤有合并症时,可出现全身症状或某些特殊体征。如头部挫伤可出现脑震荡症状,或出现剧烈头痛和喷射性呕吐等颅内高压的症状;胸、背挫伤可出现呼吸困难,以及血胸和气胸症状;腹、腰部挫伤合并内脏损伤可出现休克症状;股四头肌、腓肠肌严重挫伤引起肌肉断裂而出现肌肉断端隆起,断裂部明显凹陷等。因此,应根据暴力大小和受伤部位判断伤势的轻重。

2. 处理

对于一般挫伤可采用急性闭合性软组织损伤处理原则。如在局部冰敷后外用新伤药,加压包扎、抬高患肢。头部挫伤伴有脑震荡或喷射性呕吐,剧烈头痛等颅内高压症状者,腹部和睾丸挫伤伴有休克者应先进行急救处理,并及时送医院抢救治疗。股四头肌、腓肠肌的严重挫伤伴肌肉断裂者,多有严重出血,应将肢体适当固定后及时送医院手术治疗。

(二)肌肉拉伤

肌肉主动强烈收缩遇阻或被动过度拉伸所造成的肌纤维损伤,部分撕裂或完全断裂称为肌肉拉伤。

1. 发生原因

准备活动不当,肌肉的生理机能尚未达到适应运动需要的状态;训练水平不够,肌肉的弹性和力量较差,疲劳或过度负荷使肌肉能力降低,力量减弱,协调性下降;错误的技术动作或训练时注意力不集中,动作过猛或粗暴;气温过低导致肌肉僵硬;空气湿度过大,场地和器械的质量不良等都可能引起肌肉拉伤。

根据肌纤维损伤的程度不同,肌肉拉伤可分为3级。第一级为仅有少数肌纤维撕裂,其周围的筋膜完好无损,纤维的断裂只在显微镜下能见到,肌肉在抗阻力收缩或被动牵拉时有疼痛,在开始的24 h内可见到轻度肿胀与皮下淤斑。第二级为部分断裂,有较多数量的肌纤维断裂,筋膜可能亦有撕裂,肌肉与肌腱连接处有部分断裂,伤者有肌肉拉断的感觉,并可听到"啪"的断裂声,常可摸到肌肉略有缺失与下陷。第三级为肌纤维完全断裂,受伤时有剧痛,并能摸到明显的缺失,拉伤的肌肉功能丧失。

伤部疼痛、肿胀、压痛,可有肌肉紧张或痉挛,触之发硬,功能受限或障碍。受伤肌肉主动收缩或被动拉长时疼痛加重,肌肉抗阻力试验呈阳性。肌肉断裂者可感到或听到断裂声,肿胀明显,皮下淤血严重,局部可触到凹陷或一端异常膨大。

2. 征象

肌肉轻度拉伤有时会与运动后的延迟性肌肉酸痛相混淆。一般肌肉拉伤大多有外伤史,症状在受伤即刻或稍后的时间出现,疼痛的性质趋于锐痛,疼痛范围小,最痛点常局限于伤处,继续活动时症状可加重。肌肉延迟性酸痛无外伤史,症状发生在休息一段时间(一般是24~48 h)以后,疼痛性质为酸痛或胀痛,疼痛范围广,常涉及有共同功能的一组肌肉,继续活动时症状不加重。

3. 处理

肌肉损伤及肌痉挛者,取局部阿是穴及邻近腧穴用针刺疗法会取得显著疗效。肌纤维部分断裂者在伤后早期按闭合性软组织损伤的处理原则进行冰敷、加压包扎,将患肢放于肌肉松弛的位置。48 h后开始按摩,手法要轻缓。此时,应将患肢改置于使肌肉牵张位固定1周,以免受伤肌肉瘢痕粘连或挛缩,导致日后肌肉被动伸展不足。怀疑有肌肉、肌腱完全断裂者,应在局部加压包扎固定患肢情况下,立即送医院诊疗。

(三)疲劳性骨膜炎

疲劳性骨膜炎又称为应力性骨膜炎,是一种过度使用性损伤。

1. 发生原因

在特种体育训练中,训练水平差、动作不正确,以及运动量突然加大,或训练场地太硬等原因,均可导致本病的发生。如一段时间内过多地跑、跳过程中足用力后蹬,小腿的肌肉长期处于紧张状态产生疲劳;或场地过硬使小腿受到较大的反作用力,增加了局部的负荷等,均会使胫骨、腓骨或跖骨发生疲劳性骨膜炎。

疲劳性骨膜炎是骨的反应性炎症,在急性炎症阶段如能调整运动量,减少局部负荷,并给予适当治疗就可使炎症消退,组织修复,从而由不适应转化为新的适应,并可使负荷能力提高。否则,有可能使病情进一步发展,甚至产生疲劳性骨折。

2. 征象

(1)疼痛与压痛。疼痛常在运动后发生,多为局部钝痛或刺痛,有的在训练后可出现搏动样疼痛。在骨面上能摸到压痛点,其压痛部常可触及单一或串珠样结节。

(2)肿胀。局部多有凹陷性水肿。早期肿胀面积较大。

(3)后蹬痛。胫腓骨骨膜炎和跖骨骨膜炎患者常有后蹬痛。

(4)局部灼热。早期可有局部皮肤发红,触之有灼热感。有的患者夜间灼热感受更为明显。

3. 处理

早期或症状轻者,应适当减少局部运动量、调整训练课内容。伤肢局部以弹性绷带包扎。随着训练负荷能力的提高,经3~4周后症状可自行消失。症状严重者,除减少局部负荷外,可先用冰敷,然后外敷新伤药并加压包扎。1周后,改用温水浸浴配合按摩治疗,点压阿是穴和附近的穴位。待症状缓解后,逐步增加局部负荷,但仍应避免做单一的、长时间的跳跃或支撑动作。

经以上处理后,如局部症状无改善甚至加剧者,应考虑是否有疲劳性骨折,需做X线检查加以确诊。

4. 预防

(1)遵循循序渐进的训练原则。训练量不能增加过快,以跑步为例,跑量的增加以不超过上一周的20%为宜。

(2)避免长时间过分集中跑、跳、后蹬、支撑等练习,避免在过硬的场地作过多的跑、跳、后蹬、支撑等练习。

(3)跑、跳训练前应具备一定的力量基础,并且要有正确动作技术的基础练习。这一点对于新人来讲尤为重要。

(4)做好充分的准备活动和放松整理活动。

(四)急性腰扭伤

1. 发生原因

(1)负荷过重超过了脊柱所能承担的能力。

(2)脊柱运动超过正常活动范围。腰部的突然前屈可导致骶棘肌被动拉伤、棘上韧带损伤、棘间韧带损伤。腰部的突然背伸导致棘间韧带损伤、骶棘肌主动拉伤。

(3)技术动作错误,错误的提物姿势和运动动作。

(4)脊柱活动不协调。

2. 征象

(1)有明显外伤史,有典型的受伤动作。

(2)疼痛。伤后立即出现,呈锐痛,个别放射至臀部。

(3)压痛。压痛点与受伤部位一致。腰肌拉伤,痛点主要在脊柱两侧;棘上韧带损伤,痛点主要在脊柱正中、棘突上或棘突间浅表处,向前弯腰疼痛加重;棘间韧带损伤,痛点主要在脊柱正中棘突间深在处,前后弯腰疼痛加重;小关节错位,主要表现为剧痛,腰背伸受限严重,不易触及压痛,但震痛明显。

3. 处理

(1)急性期仰卧硬板床休息。

(2)按急性闭合性软组织损伤早期方法处理。

4. 预防

(1)活动或劳动时注意力集中,对所做动作要有思想准备。

(2)进行充分的准备活动,提高腰、腹肌的协调性和反应性。

(3)加强腰腹肌力量和伸展性练习。

(4)掌握并使用正确的技术动作。

(5)大负荷训练时可适当使用腰部的保护支持带。

(五)踝关节扭伤

由解剖结构和生理机能的特点所决定,踝关节的韧带损伤以外侧韧带损伤最为突出。多因跳起落地时踩在不平的地面或他人脚上,或身体失去重心、被踩等原因,造成踝关节内旋足跖屈内翻位受力致伤。

1. 发生原因

踝关节扭伤占关节韧带损伤的首位。由于踝的跖屈肌群的力量比背伸肌群大,内翻肌群力量比外翻肌群大,加之外踝比内踝长,内侧三角韧带比外侧三角韧带强,因此,跖屈、内翻比背伸、外翻活动度大。此外,距骨体前宽后窄,当足跖屈时,踝关节较不稳定。在跑跳运动中人体离开地面处于腾空阶段,足就自然有跖屈内翻的倾向。如果落地时身体重心不稳向一侧倾斜,或踩在他人的脚上、球上,或高低不平的地面上,均会造成足的前外侧着地而引起足的过度跖屈和内翻,导致外侧副韧带损伤。外侧韧带损伤约占整个踝关节扭伤的80%以上。

若落地姿势不正确,身体重心向内侧偏移使踝关节突然外翻,则会导致内侧三角韧带损伤。严重的踝关节扭伤可发生韧带断裂,合并胫距关节脱位,或伴有距间韧带损伤及跟距关节脱位。

2. 征象

有明显的足突然内翻或外翻的扭伤史,损伤后踝关节外侧或内侧疼痛,走路及活动关节时最明显。踝关节外侧或内侧出现迅速的局部肿胀,并逐渐波及踝前部及足背。可出现皮下淤斑,以伤后 2~3 天最明显。

3. 处理

按急性闭合性软组织损伤的处理原则进行处理,以止血、止痛、防肿、制动和减轻炎症反应为治疗原则。疑有踝关节韧带完全断裂或合并有踝部骨折者,经现场急救处理后及时转送医院进一步诊治。

4. 预防

重视踝周围肌力练习和协调性练习,做好场地检查和训练前充分的准备运动,提高落地动作的技术水平,禁止粗暴动作。

急性扭伤视肿胀、疼痛缓解后,应积极进行关节周围肌肉力量和屈伸练习。解除固定后,在保护支持带的保护下逐渐参加一般锻炼。患部无明显压痛和强迫内外翻试验无疼痛时,可恢复正常训练。

三、特种体育训练的易发病症与处理

(一)运动中腹痛

腹痛是运动训练过程中较为常见的一种症状,其中有 1/3 的人查不出发病原因,而仅与运动训练的一些因素有关,这类运动性腹痛大多在安静时不疼,运动时才出现,而疼痛与运动量、运动速度等因素成正比。

1. 原因

(1)缺乏锻炼或训练水平低。
(2)准备活动不充分。
(3)身体状况不佳,劳累、精神紧张。
(4)呼吸与动作之间的节奏配合不良。
(5)膳食制度不合理,饮食上存在问题。
(6)运动强度和速度加得过快或太突然。

2. 处理

运动中出现腹痛,应减慢运动速度和降低运动强度,加深呼吸,调整呼吸和运动节奏;用手按压疼痛部位,或弯腰跑一段距离;如症状严重,应停止运动,口服止痛药物、点掐穴位、腹部热敷,到医院就诊。

3. 预防

(1)循序渐进地增加训练量。
(2)加强全面的身体训练,提高生理机能水平。

(3)膳食安排合理,一般饭后 1.5 h 才可进行剧烈运动。

(4)充分做好准备活动,训练中注意呼吸节律。

(二)肌肉痉挛

肌肉痉挛俗称抽筋,是肌肉发生不自主的强直收缩而显示出的一种现象。训练中最易发生痉挛的肌肉是小腿腓肠肌,其次是足底的肌肉。

1. 发生原因

(1)寒冷刺激。在寒冷的环境里训练,如冷空气或冷水的刺激,会使肌肉的兴奋性突然增高,导致肌肉发生强直收缩。如果在寒冷的环境中训练时未做准备活动或做得不充分,或未注意保暖,就更容易发生肌肉痉挛。

(2)电解质丢失过多。训练中大量排汗,特别是长时间的高强度训练或高温季节训练时大量排汗,或有些参训者为体型达标而急性减重使大量电解质从汗液中丢失,造成电解质浓度过低,引起肌肉兴奋性增高而发生肌肉痉挛。

(3)肌肉连续过快收缩而放松不够。训练和比赛中肌肉连续过快地收缩而放松的时间太短,以至于肌肉收缩与放松的协调性紊乱,引起肌肉痉挛。

(4)疲劳。疲劳的肌肉往往血液循环和能量代谢有改变,肌肉中有较多的代谢产物堆积对肌肉产生刺激导致痉挛产生,特别是局部肌肉疲劳时再进行剧烈运动或做一些爆发性的用力动作,更容易发生肌肉痉挛。

2. 处理

不太严重的肌肉痉挛,只要以相反的方向牵引痉挛的肌肉,一般都可使其缓解。牵引时切忌用力过猛,用力宜均匀、缓慢,以免造成肌肉拉伤。小腿腓肠肌痉挛时,可伸直膝关节,同时用力将踝关节充分背伸,拉长痉挛的腓肠肌;足底痉挛时可将足及足趾背伸。同时,在痉挛肌肉部位做按摩,手法以揉捏、重力按压为主。处理时要注意保暖。热疗(热水浸泡、局部热敷)也有一定疗效。

游泳中如果发生肌肉痉挛不要惊慌,如自己无法处理或解救时,先深吸一口气,仰浮于水面,并立即呼救。在水中解救腓肠肌痉挛的方法是,先吸一口气,仰浮于水面,用痉挛肢体对侧的手握住痉挛肢体的足趾,用力向身体方向拉。同时,用对侧的手掌压在抽筋肢体的膝关节上,帮助将膝关节伸直,待缓解后慢慢游向岸边。发生肌肉痉挛后不宜再进行游泳,应上岸休息、保暖、局部按摩使肌肉放松。

3. 预防

加强体育锻炼,提高身体的耐寒力和耐久力。训练前必须认真做好准备活动,对容易发生痉挛的肌肉可事先做适当按摩。冬季训练要注意保暖。夏季训练时,尤其是进行高强度训练或长时间训练时,要注意水和电解质的补充。疲劳和饥饿时不宜进行高强度训练。游泳下水前要用冷水冲淋全身使身体对寒冷有所适应,水温太低时游泳时间不宜过长。在训练中要学会肌肉放松的能力。

(三)过度紧张

过度紧张是由于一时性运动负荷过大和过于剧烈,超过了机体负担能力而产生的急性病理现象。多发生在运动后即刻或过后不久,以急性心血管损害最多见。常见于中长跑、长距离越野,以及拉练、奔袭等训练中。

1. 发生原因

超过机体耐受程度的剧烈运动是引起本病的主要原因。这种病理现象在身体训练程度低、机能状态差和刚开始参加训练的人中最为多见。长期中断训练的人突然或过于迅速投入剧烈运动,以及患有疾病,特别是心脏病、高血压病者,或急性病初愈未完全康复者,勉强完成剧烈运动的也可能发生过度紧张。

2. 征象

常在剧烈运动或比赛后即刻或过后不久出现征象,如明显头晕、脸色苍白、恶心呕吐(有时吐出物呈红色或咖啡色)、全身无力、脉搏快、血压下降。严重者可出现嘴唇青紫、呼吸困难、咯红色泡沫样痰、右季肋部疼痛、肝脾肿大、心前区疼痛、心律不齐甚至停搏等急性心功能不全现象或昏迷死亡。有些患者出现昏厥、剧烈头痛、意识障碍、一侧肢体麻木、动作不灵或麻痹等征象。

3. 处理

轻度急性过度紧张一般不需要特殊处理,经短时间休息后,征象即可消失。有脑缺血征象时,将患者放在平整地面上,取头稍低位置休息,同时注意身体保暖,松解衣领、束带和紧胸衣物,点掐内关和足三里穴,饮以温水。发生昏厥时,可加用人中、百会、合谷、涌泉等穴的点掐,嗅以氨水或吸氧。在进行上述初步处理的同时,要迅速请医生诊治和进一步抢救处理。

4. 预防

重视对参加特种体育训练人员的体格检查工作,加强身体全面训练,遵照科学的训练原则,训练水平低或训练基础差、体质弱的人,要根据自己身体的实际情况量力而行,绝不可勉强完成训练负荷。伤病初愈或未完全康复或因其他原因中断训练者,恢复训练时,要逐渐增加训练量。

(四)过度训练

过度训练是运动负荷与机体间不相适应,以致疲劳连续累积而引起的一系列功能紊乱或病理状态,也称作过度疲劳。过度训练有时表现在生理方面,也有时表现在心理方面。当机体出现一些前期症状,如慢性体重下降、关节与肌肉疼痛、胃肠功能紊乱、周身性肌肉紧张和失眠不安时,如果仍不采取措施,就有可能发展为过度疲劳。过度疲劳会导致训练者健康状况和体能明显下降,无法再参加正常训练。

1. 产生原因

(1)训练安排不合理。未遵守循序渐进系统训练的原则,运动强度过大或运动量过大,缺乏必要的节奏和变化,超过了人体的负担能力。比较常见的现象为追求体育达标率,没有按照参训者的实际情况循序渐进增加训练负荷,从而导致过度训练。

在很多情况下,特种体育训练只是各种特种训练内容的一部分,在考虑特种体育训练强度和训练量的时候,一定要结合其他训练内容综合考量,避免特种体育训练量不多而总体身体活动过度。

(2)训练方法单调、枯燥乏味。在有些单位,因缺乏相应的特种体育专业人员,对于训练的组织缺乏条理和科学性,训练方法单调、枯燥,训练负荷过于集中于某些系统和器官,极易造成参训者心理和身体的过度疲劳。

(3)生活规律破坏。受训者在刚进入训练状态时,因原有的生活规律被打破,睡眠、饮食等受到一定程度影响,这时加上体力消耗过大,容易引起过度训练。

(4)受训者在身体机能不良的情况下参加训练。人体在生病和受伤的时候需要更多的休息和更好的营养,此时进行大强度、大运动量训练会造成身体恢复不良。不少过度训练是在感冒后带病训练或训练量过大造成的。

(5)饮食营养不合理,消耗的物质得不到及时的补充。如脱水、热能物质摄入不足、长期缺乏微量元素等,都是加重过度训练程度的因素。

(6)各种心理因素。过度训练是一种身心疾病,各种心理因素也可诱发过度训练。如精神上的打击、感情上的挫折、人际关系不协调、学习训练不顺心、训练单调、考核反复失利等,也都是造成过度训练的诱发原因。

应该指出,特种体育训练中出现过度训练,往往是上述几种原因同时存在所致,并不是单一因素引起的。在相同的训练条件下,受训者是否发生过度训练,取决于多种因素的共同效应。

2. 征象

过度训练的征象是多种多样的,可涉及各个系统和器官,而且可因过度训练的程度、个体特性而异。

(1)早期征象。早期过度训练的受训者一般无特异性症状,很难与大强度训练后正常的疲劳感觉相区别。充分的恢复会使其身体素质改善,运动成绩提高。恢复不足则会导致持续的疲劳感觉,并常伴随着肌肉酸痛,训练期间感觉非常吃力,训练考核的成绩不好。早期征象主要反映在神经系统和心理方面,一般自觉症状以疲乏无力、倦怠、精神不振为主要表现。如果出现后未能引起重视,未采取必要的措施,过度训练就会进一步发展。

(2)晚期征象。如果早期过度训练中的各种不良刺激因素持续存在,病情就会进一步加重。造成这种状况的一个重要原因是组训者和管理人员往往把训练水平提高过于缓慢(绝大多数是正常速度)归咎于训练不足而超负荷训练。这将会导致参训者心理、生理各系统的严重耗竭,以致没有数周,甚至数月的休息而不能恢复。上述症状更加明显时可出现心悸、胸闷、气短、晨脉明显加快;出现恶心、呕吐、消化道出血症状;易出现肌肉痉挛、肌肉微细损伤等;全身乏力、体重下降、易发生感冒、低热、运动后蛋白尿、运动性血尿、运动性头痛、脱发、浮肿、排尿不尽等症状。

3. 处理

过度训练的处理关键在于早期发现,及时处理。处理的重点是消除病因,加强各种恢复措施,以及对症治疗。

(1)消除病因。一旦发现有过度训练征象,必须改变训练计划,积极调整运动量,控制训练的强度和时间,减少速度和大强度的力量练习,减少高难度的动作和专项训练,多辅以全面训练和放松练习。

(2)对症治疗。按病情适当给以药物,如维生素(B1、B2、B12、C 等)、葡萄糖、三磷酸腺苷、镇静剂或安眠药等。

(3)加强各种恢复措施。要保证充足睡眠,增加积极性休息时间;加强营养,多吃新鲜蔬菜和水果。

4. 预防

预防的重点是制订合理的、切合实际的训练计划。预防措施主要有以下几点:

(1)逐渐增加训练量,节奏明显,避免骤然增量。

(2)对新参训者或身体素质相对较弱者应加强全面训练,特别是身体素质的基本训练。

(3)遵守循序渐进的训练原则。

(4)加强医务监督和自我监督。

(5)加速消除疲劳也是预防过度训练的重要环节。首先要保证足够的睡眠和休息,以及各种积极性的休息;其次要注重营养物质的补充。

(6)加强医务监督。

1)可以采用体重、脉搏、血压等简易的生理指标进行身体机能状态的监控。

2)体重下降超过正常体重的 1/30(人工减体重除外),是诊断过度训练的重要依据之一。

3)安静时心率较正常时明显增加。一般认为心率较平时增加 12 次/min 以上,应引起注意。

4)清晨血压比平时高 20%,并持续 2 天以上时,或短时间内超过正常值(140/90mmHg),可能是机能下降或过度疲劳的表现。

(五)运动性贫血

运动性贫血是指由于运动因素引起血红蛋白浓度下降,红细胞减少,出现暂时性的贫血现象。

1. 产生原因

(1)红细胞破坏增加。运动时由于肌肉的极度收缩、挤压或牵伸造成相应部位微细血管的溶血或红细胞破坏增多。

(2)蛋白质和铁的摄入不足与消耗增加。血红蛋白合成需要足够量的铁、蛋白质、维生素 B12 和叶酸等。大运动量训练时,对上述营养素的需求量也随之增加,如果营养素摄入量仅达到一般需要量,而未增加额外的补充量,就会出现原料不足,血红蛋白合成减少。

(3)血浆稀释引起的相对性贫血。耐力性课目训练后,机体对训练的适应性反应可表现为血浆容量增加、血球压积值降低。血浆容量的增加与血红蛋白的增加不成比例,就会出现相对的血液稀释状态,表现为血红蛋白浓度偏低,测试结果显示贫血。

2. 主要征象

(1)心肺系统:贫血造成血氧减少,出现心悸、心慌、气促等现象。

(2)神经系统:头痛、头晕、失眠、反应能力下降。

(3)内分泌系统:月经紊乱或闭经。

(4)体征:皮肤、黏膜苍白,心率加快,舌乳头萎缩,肢体浮肿等。

3. 处理与治疗

(1)治疗运动性贫血最安全的方法是饮食治疗,尤其是补充铁和蛋白质。

(2)合理安排运动训练:当血红蛋白为 10%～12%g(男)时,可边治疗边训练,但训练时要减小强度,避免长跑等耐力性运动;<10%g 时应以治疗为主,停止大中运动量训练,饮食宜富于营养,摄入蛋白质、铁质、维生素较多的食物。

(3)药物治疗:西药常用硫酸亚铁、富血铁等,中药一般为生血方剂,以及生血、补血的营养保健品等。

4. 预防

(1)训练者要做到膳食营养平衡,注意蛋白质和铁的摄入。

(2)定期监测训练者的血红蛋白和血清铁蛋白值。

(3)加强贫血易感人群的全面营养。易感人群主要指大运动量训练者、减体重者和耐力训练者。

第八章 特种体育训练营养需求

学习目标

了解人体的能量来源与消耗,掌握热源物质的来源和补充;了解平衡膳食的重要意义,掌握运动补糖与减轻体重的要求和方法。

营养是生命的物质基础,改善膳食营养状况也是提高健康水平和作业能力的重要途径。充足的营养是提高特种体育训练效益的重要因素,虽然没有任何饮食可以直接促进肌力、爆发力或耐力的提高,但是合理的饮食与营养可以让训练者达到他们的最佳运动状态。

本章主要围绕特种体育训练的能量来源与必须营养素,特种体育训练的膳食平衡与糖补充等进行阐述。

第一节 特种体育训练的能量来源与必需营养素

机体每天必须从外界获得能量与营养素以满足维持生命、生长发育和对外做功的需要。营养素包括蛋白质、脂类、糖类(碳水化合物)、维生素、矿物质、水和膳食纤维七大类。机体所需的能量来源于糖类、脂类、蛋白质三大产热营养素在体内的氧化分解。

一、能量来源与消耗

(一)能量来源

能量单位一般以卡(cal)或千卡(kcal)表示,1 kcal 指 1 L 水温度由 15 ℃上升到 16 ℃所需要的能量。能量的国际标准单位为焦耳(J),1 J 能量指用 1 N 力把 1 kg 物体移动 1 m 所需要的能量。1 kcal=4.184 kJ。

机体能量来源于糖类、脂类、蛋白质在体内的氧化代谢,因此,上述 3 种营养素又称为产热营养素或热源质。由于消化吸收及氧化不完全等因素影响,3 种产热营养素在体内每克产生能量分别为 4.0 kcal、9.0 kcal、4.0 kcal。

(二)能量消耗

机体的能量消耗主要包括维持基础代谢、从事体力活动、食物生热效应 3 个方面,处于生长发育的机体,还应考虑生长发育所需要的能量。

1. 基础代谢

基础代谢指机体在清醒、静卧、空腹状态下,气温20℃时维持基本生命活动,如呼吸、心跳、肝、肾等功能所需要的能量。它受高级神经活动、内分泌系统、外界气候条件等因素影响,与体重、体表面积、性别、年龄等因素有关。

2. 体力活动

体力活动是增加人体热能消耗的重要因素,而且变动较大。它取决于活动的性质、强度、持续时间以及熟练程度。劳动强度大,持续时间长,热能消耗多。熟练程度差,热能消耗也较多。

3. 食物生热效应

食物生热效应是指摄入食物而引起能量代谢额外增加的现象,又称为食物特殊动力作用。食物的生热效应所引起的能量额外消耗约相当于总能量的10%。

二、必须营养素与功能

(一)蛋白质

蛋白质是由氨基酸组成的高分子化合物,含有碳、氢、氧、氮、硫、磷。由于糖和脂类中不含氮,所以蛋白质是机体氮的唯一来源。

1. 蛋白质的生理功能

蛋白质是构成生物组织的重要成分,成年人体内蛋白质含量约为16.3%。机体内许多重要生理活性物质本质上就是蛋白质,如参与氧运输的血红蛋白,具有催化作用的酶蛋白,维持机体体液免疫功能的免疫球蛋白等。当食物中其他两种产热营养素供应不足时,体内组织中蛋白质或进入体内的食物蛋白质分解产生氨基酸,再进一步分解氧化产生能量,以满足机体的能量需要。

2. 必需氨基酸

氨基酸是组成蛋白质的基本单位,构成人体蛋白质的氨基酸有20余种,其中人体不能合成或合成量较少的氨基酸,必须由食物提供,称为必需氨基酸。成年人必需氨基酸有异亮氨酸、亮氨酸、赖氨酸、蛋氨酸、苯丙氨酸、苏氨酸、色氨酸、缬氨酸等8种,组氨酸是婴儿体内的必需氨基酸。此外,半胱氨酸和酪氨酸为条件必需氨基酸,在体内可替代或节省部分蛋氨酸、苯丙氨酸。

3. 蛋白质的来源与供给量

蛋白质按食物来源分为植物性蛋白质与动物性蛋白质两大类,植物性蛋白质中的豆类蛋白质与动物性蛋白质营养价值均较高,因此又称为优质蛋白。蛋类和奶类所含蛋白质是蛋白质的最佳来源。

蛋白质的需求与热量摄取之间成负相关,当热量摄取减少时,蛋白质的需求量便随之增加。假设在足够的热量摄取下,成年人蛋白质每日建议摄入量是每千克体重0.8 g,或占总热量摄入的10%~15%。特种训练或体力活动强度大时,建议摄入每千克体重1.5~2.0 g的蛋白质以确保需求。如果是素食者或为减肥降体重而限制热量摄入,则可能需要每千克体重超过 2.0 g 的蛋白质。

4. 蛋白质与运动

蛋白质在机体的各种活动中起着重要作用,如肌肉的收缩、氧的储存和运输、各种生理功能的调节等。蛋白质摄入不足会影响体能,但摄入过多对提高体能也没有明显意义,相反还可能对健康带来不良影响,如增加肝、肾负担,尿中钙排出量增加等。一般来说,在从事高强度的特种训练或激烈的特种战斗时可适当增加优质蛋白质的供给量。

(二)脂类

脂类有脂肪(甘油三酯)、磷脂和固醇类。食物中的脂类 95% 是甘油三酯,5% 是其他脂类。

1. 脂类的生理功能

脂类在体内以三酰甘油形式储存能量,需要时动员氧化提供能量;类脂则参与构成机体组织。此外,脂类还具有促进脂溶性维生素吸收、提供必需脂肪酸、维持体温、保护脏器等作用。

2. 脂肪酸与必需脂肪酸

脂肪酸分为饱和脂肪酸和不饱和脂肪酸,动物性脂肪含的脂肪酸主要是饱和脂肪酸,植物性脂肪含的脂肪酸主要是不饱和脂肪酸。

体内不能合成的脂肪酸为必需脂肪酸,必须由食物提供。必需脂肪酸缺乏可引起皮炎、皮肤干燥脱屑、湿疹、生长发育不良、肝脏损伤等。

3. 脂类的来源与供给量

脂类主要来源于动物性食物与植物油、油料作物的种子。必需脂肪酸的最好食物来源是植物油类。人员营养素供给量规定脂肪产生的能量占总能量的 20%~30%,动物性来源的脂肪不得高于总脂肪摄入量的 50%。脂肪,尤其是动物性脂肪摄入过高将引起肥胖、高脂血症、心血管疾病等慢性退行性疾病。而饮食中过低的脂肪(低于总热量的 15%)会减少睾酮的生成,使代谢功能降低,影响肌肉发育。

4. 脂类与运动

脂肪供能主要是在低强度的体力活动或高强度体力活动的后期。在时间短、强度大的特种体育训练中,糖(碳水化合物)仍是最主要的供能物质,增加脂肪摄入对提高体能意义不大;而对于持续时间较长的特种体育训练,由于脂肪供能比重增加,适当增加脂肪的摄入量有助于提高耐力。但需要注意的是,脂肪过多氧化不全时,会导致机体酮体蓄积,反而降低机体耐力。一般来说,脂肪供能不应超过总能量的 30%。

(三)糖类

糖类又称碳水化合物,是由碳、氢、氧组成的一大类化合物。按结构分为单糖、双糖和多糖,常见的单糖有葡萄糖、果糖、半乳糖等,常见的双糖有蔗糖、麦芽糖、乳糖等,多糖包括淀粉、糊精、糖原及膳食纤维等。

1. 糖类的生理功能

糖类在体内氧化释放能量较快,是体内主要的能源物质,部分以糖原的形式储存。当膳食中糖类供应不足时,体内蛋白质和脂肪动员分解,严重时影响机体生理功能。因此,糖类具有节约蛋白质、抗生酮作用。此外,糖类参与机体组织构成。膳食纤维具有吸水、结合胆酸、刺激消化液分泌和肠蠕动、抑制腐生菌生长、促进益生菌繁殖等作用,有助于预防便秘、肠道肿瘤、高脂血症等。

2. 糖类的来源与供给量

膳食糖类主要来源于含淀粉丰富的食物,如谷类、薯类及豆类。单糖、双糖主要来源于蔗糖、糖果、含糖饮料和蜂蜜等。人员营养素供给量规定糖类产生能量应占总能量的55%~65%。

训练状态影响糖的摄入需求。长时间耐力训练(每天90 min以上)必须借由摄取大量的糖类来补充体内糖原的浓度,是每千克体重8~10 g。其他训练状态为每千克体重5~6 g,即能维持训练及运动表现。

3. 糖与运动

糖是体力活动时最重要的供能物质,它易被消化吸收,氧化时耗氧量最小,因此是最经济而快速的能量来源。糖还是心脏和大脑的主要供能物质,对维持正常生理功能起着关键的作用。糖既可通过无氧酵解供能,也可通过有氧氧化供能。由于糖类供能是动用机体储备的糖原,而机体糖原储备是有一定限度的,因此,保障人体有足够的糖原储备对维持体能是非常重要的,对于强度大、持续时间长的特种体育训练应注意及时补充糖。

(四)维生素

维生素为维持机体正常代谢和生理功能所必需的一些有机化合物总称。它们在体内不能产生能量,也不是组织构成成分,大部分不能在机体内自己合成,需要量很小,必须从膳食中摄取,一旦缺乏将引起维生素缺乏病。维生素分为脂溶性与水溶性两大类,脂溶性维生素包括维生素A、D、E、K等,水溶性维生素包括维生素B1(硫胺素)、B2(核黄素)、B6(吡哆醇)、烟酸(维生素PP)、B12、叶酸、生物素、泛酸、肌醇、胆碱以及维生素C(抗坏血酸)等。

1. 膳食中主要的维生素

(1)维生素A与胡萝卜素。维生素A主要存在于哺乳类动物与鱼类肝脏中,植物中含有的胡萝卜素具有与维生素A相似的结构,以β-胡萝卜素活性最高。

维生素A与暗适应功能密切相关,若体内维生素A不足,暗适应恢复时间延长,严重时出现夜盲症。此外维生素A还与上皮组织的完整性、造血功能、免疫功能、骨骼发育以及生殖功能等有关。

(2)维生素D。维生素D可促进钙的吸收,婴幼儿维生素D缺乏可引起佝偻病,成年人维生素D缺乏可引起骨质疏松症和骨质软化症。维生素D摄入过量也可引起中毒。

含维生素D丰富的食物有动物肝脏、禽蛋等。

(3)维生素E。抗氧化作用是维生素E的主要功能,在各种应激条件下,体内自由基产生过多,会对组织产生氧化损伤。成年人维生素E缺乏可出现溶血性贫血、脂褐素生成增加等。

维生素E良好来源为麦胚油、棉籽油、玉米油、花生油和芝麻油。

(4)维生素B。维生素B1又称抗脚气病维生素,是人类最早发现的维生素之一。维生素B1有辅助体内糖代谢、促进能量代谢和维护神经系统机能的功效。人类缺乏维生素B1可发生脚气病。

维生素 B1 广泛存在于各种食物之中。我国居民以谷类为主食之一,谷类食物为维生素 B1 的主要来源,谷类食物加工过细或淘洗过度将影响维生素 B1 的贮留。

(5)维生素 B2。维生素 B2 参与蛋白质的合成代谢,也是生物氧化过程中不可缺少的重要物质。维生素 B2 缺乏后表现为以口角炎、唇炎、舌炎和阴囊皮炎为特征的"口腔-生殖系统综合征"。由于机体对维生素 B2 吸收能力有限,因此,过量摄入维生素 B2 不产生明显毒性作用。

维生素 B2 主要来源为各种动物性食物,以动物内脏、蛋类和奶类较丰富,其次为豆类和绿叶蔬菜。

(6)维生素 C。维生素 C 又名抗坏血酸,人体内不能合成,因此需要由食物供应。维生素 C 有很强的还原性,具有抗氧化作用。缺乏维生素 C 可发生坏血病。

含维生素 C 丰富的食物主要为新鲜蔬菜、水果,洗切过度或烹调时间太长可破坏相当部分的维生素 C。

2. 维生素与运动

尽管维生素不是供能物质,但对维持人体机能与健康却有重要意义。维生素以各种不同的方式调节机体内各种代谢过程。大多数维生素参与能量代谢过程、协助调节神经系统的功能并保证能量补充系统的适宜状态。进行体力活动时,体内物质和能量代谢加强,对维生素的需要量增加。相关研究显示,补充抗氧化营养素可以减轻机体氧化应激损伤,若机体缺乏维生素,则其从事体力作业的能力明显下降,容易发生疲劳。

(五)矿物质

人体除碳、氢、氧、氮以外的其他元素统称为矿物质或无机盐,其中,占体重大于 0.01%的矿物质称为常量元素,如钙、磷、钾、钠、氯、镁、硫,占体重小于 0.01%的矿物质称为微量元素。一般认为人体必需微量元素有铁、铜、钴、锌、锰、碘、钼、硒、氟、铬、锡、镍、硅和钒。微量元素也可分为 3 类:第一类为人体必需,包括碘、锌、铁、铜、硒、钼、铬、钴;第二类为人体可能必需,有锰、硅、镍、硼、钒;第三类为具有潜在毒性但低剂量时有作用,有氟、铅、镉、汞、砷、铝、锂、锡。

1. 膳食中主要的矿物质

(1)钙。钙是机体组成中含量最多的无机元素,99%集中在骨骼与牙齿。婴幼儿缺钙可引起佝偻病,成年人缺钙可引起骨质疏松与骨质软化;长期摄入高钙可引起便秘,增加尿路结石的风险,影响其他矿物质的吸收,严重时造成肾功能损害。

钙是我国人民最易缺乏的营养素。乳类及乳制品含钙量高,易吸收利用;海带、虾皮、蔬菜、大豆和油料种子含钙量也较多。但是,影响钙吸收的因素较多。

(2)铁。铁在体内参与构成血红蛋白、肌红蛋白,与氧的运输密切相关。缺铁可发生缺铁性贫血。

铁广泛存在于各种食物,但是,吸收率差别很大,动物性食物一般优于植物性食物。食物中血红素铁可由肠黏膜直接吸收,非血红素铁需要还原后才能吸收。

(3)锌。锌在体内作为辅助因子,参与多种酶的组成,与维生素 A 代谢、免疫功能、创伤愈合也有密切关系。锌缺乏主要表现为食欲不振、生长停滞、性幼稚型、自发性味觉减退和创伤愈合不良等。

海产品是锌的良好来源,奶类和蛋类次之,蔬菜、水果含锌较少。

(4)碘。食物与水中的碘主要为无机碘化物,进入人体后参与甲状腺激素的合成。碘缺乏是世界上四大营养素缺乏病之一,世界上有十多亿人口(我国有2亿多人)受到不同程度碘缺乏的威胁。

海产品如海带、紫菜等含碘丰富,远离海洋的内陆山区土壤和食物含碘较少,需要经常食用含碘丰富的海产品,国家规定我国市售的食盐必须加碘。

(5)硒。硒在体内作为辅助因子参与多种酶的组成,克山病与大骨节病的发生与硒缺乏有关。

海洋食物、动物肝脏、肾脏及肉类是硒的良好来源,蔬菜、水果含硒甚微,谷类硒含量依赖它们生长的土壤硒含量。

2. 矿物质与运动

同维生素一样,矿物质并不作为直接的能源物质,但许多矿物质可以激活那些控制代谢过程的酶。这些酶大多是金属酶(如60%或更多的酶都含有锌),这些酶中有的参与细胞内的能量生成,另有些矿物质起传送系统作用,如铁有助于氧向肌细胞内转运。其他矿物质以电解质或带电颗粒子即离子存在于体液内,这些电解质是形成电位所需要的,而电位又用于整个机体神经冲动的传导,触发肌肉收缩和各种不同的生理功能。

在平时训练或特种体育训练中,机体的物质和能量代谢增强,各系统功能较平常情况调动更为积极,同时,体力作业活动时出汗、尿液排泄等,会导致一些无机盐的大量丢失,因此必须保证人员的矿物质营养状况良好,并适当增加矿物质的摄入量,以维持机体完成各项体力作业所需的良好身体能力。

此外,进行特种体育训练时,水盐代谢旺盛,致使水分大量丧失,尤其是在高温、高湿等环境下,这种情况更为突出。大量出汗后如不及时补充水分及相应的电解质,很容易引起脱水和体内电解质代谢紊乱,导致机体体温升高、心血管负担加重,特种体育训练效率降低。因此,水是人体从事特种体育训练时的一种重要营养素,适时适量补充水分和无机盐对维持良好的运动能力是非常必要的。

第二节 特种体育训练的膳食平衡与糖补充

在高强度特种体育训练中,当能量与营养素需求增加而供给量相对不足时,都有可能导致营养缺乏病,将严重影响人的身体健康和训练效益。

提高特种体育训练效益和运动能力的最根本营养措施是保证参训者的全面均衡膳食,良好的营养状况,有足够的营养储备。

一、特种体育训练的平衡膳食

平衡膳食是指膳食中所含的营养素种类齐全、数量充足、比例适宜,即热量来源平衡、氨基酸平衡、酸碱性食物平衡以及摄取的各种营养素之间平衡,只有这样才有利于营养素的吸收和利用。平衡膳食的食物构成一般包括粮食类(包括谷类、薯类、杂豆类)、动物类、大豆及其制品和蔬菜水果类。

平衡膳食是保证人们得到合理营养的根本。然而在自然界中,除了母乳对小于3月龄的婴儿以外,没有任何一种食物能够满足人体所需要的各种营养素。合理膳食可满足人体所需要的各种营养素,因此必须充分利用自然界中多种食物,组成营养素种类齐全、数量充足、比例恰当的平衡膳食。同时,还要通过合理的加工烹调,搭配主副食品,以减少营养素的损失,充分发挥营养素的互补作用。由此,在特种体育训练中的平衡膳食是十分重要的。此外,还要有合理的膳食制度,才能使各种营养素得到充分的吸收和利用。

(一)平衡膳食的要求

(1)膳食中应含有人体所需要的能量和种类齐全的各种营养素,数量能达到营养素推荐摄入量标准。我国居民膳食营养素参考摄入量、人员的膳食营养素供给量标准可作为调配和评价平衡膳食的依据。

(2)膳食中各种营养素之间比例合适,使体内建立起一种生理上的平衡。

1)蛋白质、脂肪、糖之间的比例。三大营养物质在体内代谢是相互利用又相互制约的。因此,在平衡膳食中要求三大营养素合适的比例应该是:蛋白质提供的能量占一日总热量的12%～15%,脂肪为20%～30%,糖为55%～65%。

2)能量摄取量与维生素摄取量的平衡。能量消耗量与维生素需要量是成正比的,增加能量摄入就应相应地提高维生素的供给量。

3)必需氨基酸的比例。理想的膳食蛋白质应包含各种必需氨基酸,而且各种氨基酸之间比例应适当。若有一种或几种必需氨基酸含量较低,则将限制其他氨基酸的利用。

(二)合理的膳食制度

膳食制度是指将全天的食物按一定的次数、一定的时间间隔和一定的数量分配到各餐的一种制度。合理的膳食制度应根据生理,特别是消化器官的活动规律,并考虑到生活、劳动强度加以适当的安排。合理的膳食制度可以使摄入的食物得到充分的消化吸收,发挥更大的营养效能。为此,合理的膳食制度是特种活动与特种体育训练的重要基础。

正常成年人一日三餐,两餐之间间隔5~6 h,这是符合人体的生理状态的。以能量计,早餐应占全天总能量的25%,午餐占40%,晚餐占35%,这种分配的理由是因为早晨起床不久,一般食欲较差,但为了满足上午工作的需要,必须摄入足够的能量。午餐前后都是工作时间,所以既要补足上午消耗的能量,又要为下午的工作做好储备。因此,午餐能量供给应是最多的,可多吃些富含蛋白质和脂肪的食物。晚餐进食量原则上一般与午餐相接近,但能量可稍低。这是因为晚饭后热能消耗不大,如果进食太多,久而久之就会引起发胖。另外,蛋白质、脂肪摄入过多会影响睡眠,因此,晚餐可多吃些蔬菜、含糖较多和易于消化的食物。根据需要也可以是早、晚餐各占全天总能量30%,午餐占40%。

二、提高特种体育训练效益的糖补充

大量实验研究表明,包括使用咖啡因、额外补充糖类、补充酪氨酸和色氨酸、补充胆碱和肌酸以及使用中草药提取物等一些特殊营养措施可以提高高强度体力活动的能力水平。这里重点阐述特种体育训练中糖的补充。

(一)补糖的意义

补糖可分为运动前、运动中和运动后补糖。运动前补糖可增加肌糖原和肝糖原储备,还可增加血糖的来源。运动中补糖能够提高血糖水平,减少肌糖原消耗,延长耐力时间。运动后补糖促进肌糖原合成,有利于疲劳恢复。运动后补糖时间越早,肌糖原合成的速率越快。这是因为运动后骨骼肌糖原合成酶含量增高,活性增大,随着时间延长,酶含量和活性均逐步下降。

(二)补糖的方法

运动前补糖有两种:一是在大运动量训练和比武(赛)前数日,将膳食中糖类占总能量比增加到60%~70%(或10 g/kg体重);二是在运动前1~4 h补糖1~5 g/kg体重。固体糖和液体糖均可,但运动前1 h补糖最好使用液体糖。

运动中补糖:一般采用液体糖,应遵循少量多次的原则,每隔30~60 min补充一次,补糖量一般不低于60 g/h。

运动后补糖:原则是补糖越早越好,最好在运动后即刻、前2 h内以及每隔1~2 h连续补糖,补糖量为0.75~1 g/(kg·h)体重,24 h内补糖总量达到9~12 g/kg体重。

(三)补糖的种类

有多种类型的糖可供选择,葡萄糖吸收快,有利于肌糖原的合成;果糖较葡萄糖慢,主要参与肝糖原的合成,引起胰岛素分泌的作用较小,但使用量大时可能引起肠胃不适,可与葡萄糖联合使用。低聚糖一般由3~8个单糖组成,吸收速度比单糖和双糖慢,可延长耐力运动中糖的供应时间。纯淀粉或淀粉类食品吸收消化慢,缓慢释放入血,不会引起血糖或胰岛素的突然增加,有益于耐力运动中不断供能,一般在饮食中予以补充。

参 考 文 献

[1] 杨文轩,陈琦.体育概论[M]北京:高等教育出版社,2021.
[2] 胡扬.体育训练新理念新方法[M].北京:北京体育大学出版社,2011.
[3] 孙庆伟,周光纪,白洁.人体生理学[M].北京:中国医药科技出版社,2011.
[4] 邓树勋,王健,乔德才,等.运动生理学[M].北京:高等教育出版社,2020.
[5] 王伟明.核心力量的定义及作用的再探讨[J].湖北体育科技,2012,31(1):61-62.
[6] 杨文轩,张细谦,邓星华.学校体育学[M].北京:高等教育出版社,2016.
[7] 石佩臣.教育学基础理论[M].北京:教育科学出版社,2016.
[8] 田麦久.运动训练[M].2版.北京:高等教育出版社,2017.
[9] 林建棣,包瀛春.军事体育[M].北京:国防工业出版社,2021.
[10] 于文谦.竞技体育学[M].北京:人民体育出版社,2010.
[11] 季浏,殷恒婵,颜军.体育心理学[M].北京:高等教育出版社,2019.
[12] MAGILL R A.动作技能学习与控制[M].张忠秋,等译.北京:中国轻工业出版社,2006.
[13] 李家威.不同步态技术类型的女子100 m运动员步频特征研究[D].济南:山东体育学院,2021.
[14] 李伟忠.青少年男子100 m运动员全程步频节奏特征研究[D].济南:山东师范大学,2021.
[15] 夏宝元.功能性训练对上海体育学院田径班学生身体素质的影响研究[D].上海:上海体育学院,2021.
[16] 常鑫鑫,二级短跑运动员起跑与疾跑过程中下肢肌肉用力特征研究[D].太原:山西大学,2021.
[17] 阮超前.大学高水平田径运动队发展格局与态势分析[D].福州:福建师范大学2020.
[18] 张俭.田径运动员损伤防治中的营养策略[J].体育科技文献通报,2022(1):17-19.
[19] 刘博涵.田径训练中科技信息的应用研究[J].科技资讯,2022(13):242-244.
[20] 娄明.体能视角下跳远运动员的常见损伤及防治措施[J].田径,2022(7):82-83.